Kulturgeschichtliche Spaziergänge im Germanischen Nationalmuseum

Jahresgabe für Mitglieder und Förderer
des Germanischen Nationalmuseums 2001

Kulturgeschichtliche Spaziergänge
im Germanischen Nationalmuseum

Petra Krutisch

Aus aller Herren Länder
Weltausstellungen seit 1851

Band 4

Herausgeber
Germanisches Nationalmuseum, Nürnberg
Generaldirektor G. Ulrich Großmann

Die Deutsche Bibliothek – CIP-Einheitsaufnahme
Krutisch, Petra:
Aus aller Herren Länder: Weltausstellungen seit 1851 / Petra Krutisch [Hrsg. Germanisches Nationalmuseum, Nürnberg]. – Nürnberg: Germanisches Nationalmuseum, 2001
(Kulturgeschichtliche Spaziergänge im Germanischen Nationalmuseum; Bd. 4. 2001)
ISBN 3-926982-78-0

Fotografien
Jürgen Musolf, Irene Patermann

Titelbild
Schreibschrank, 1851. Gebrüder Barth, Würzburg (HG 11685)

Gestaltung, Satz
Harald Hans Vogel

Druck
Emmy Riedel Buchdruckerei und Verlag GmbH, Gunzenhausen

Schrift
Syntax

Gesamtherstellung
Wolfgang Sachße

Verlag des Germanischen Nationalmuseums,
Nürnberg 2001

Inhalt

Vorwort

Bekannt bei seinen Besuchern aus aller Herren Länder ist das Germanische Nationalmuseum für seine umfassende Sammlung zur Kunst und Kultur des deutschsprachigen Raumes. Mit Weltausstellungen verbindet sich hingegen die Vorstellung von Exponaten und Ausstellern aus der ganzen Welt. Trotz dieser so unterschiedlichen Ansatzpunkte wird in dem vorliegenden Band versucht, eine Brücke zwischen den Museumsbeständen und der Geschichte der Weltausstellungen zu schlagen. Dies geschieht nicht von ungefähr: Mit der Vorbereitung der EXPO 2000 in Hannover kam auch in unserem Hause die Idee auf, einmal zu schauen, was in den Sammlungen und Depots zu diesem Thema schlummert. Dabei kam eine überraschende Fülle an Material zu Tage: Druckgraphische Blätter zu den verschiedenen Ausstellungsplätzen ebenso wie kunsthandwerkliche Gegenstände aus ganz unterschiedlichen Materialien (Holz, Metall, Glas, Keramik, Textil), sogenannte Amtliche Kataloge, zeitgenössische Publikationen und Ausstellungsberichte oder Preis- und Erinnerungsmedaillen. Allerdings fanden all diese Objekte eher zufällig und auch zu sehr unterschiedlichen Zeiten ihren Weg ins Museum, da der Themenkomplex nie Gegenstand systematischen Sammelns war. Eine Ausnahme bilden in dieser Hinsicht die Ankäufe des ehemaligen Bayerischen Gewerbemuseums, die heute als Bestand der LGA im Germanischen Nationalmuseum verwahrt werden. Vor allem auf der Wiener Weltausstellung, der ersten ihrer Art im deutschen Sprachraum, wurden umfangreiche Erwerbungen für das 1869 gegründete Gewerbemuseum getätigt. Doch auch wenn heute sowohl die Sammlung der LGA als auch das Nationalmuseum Ausstellungsstücke von jener legendären Weltausstellung des Jahres 1873 besitzen, gibt es noch einen weiteren Anknüpfungspunkt. Das Germanische Nationalmuseum, seinerzeit 21 Jahre alt, trat in Wien als Aussteller auf. Der Erfolg war groß: Für seine eingesandten Schriften und sein Bemühen um die vaterländische Kultur wurde es mit einer Verdienstmedaille belohnt!

Diese und viele andere Seitenblicke auf die Objekte des Museums machen den besonderen Reiz des vorliegenden Buches aus. Als vierter Band der „Kulturhistorischen Spaziergänge durch das Germanische Nationalmuseum" wird somit die Geschichte der Weltausstellungen aus einem ganz individuellen Blickwinkel beleuchtet. Von ihren Anfängen mit der „Great Exhibition of the Works of Industry of All Nations" (London 1851) bis jüngst zur EXPO 2000 (Hannover) sind in einem großen Bogen die wichtigsten Daten, Geschehnisse und Namen zusammengestellt. Als Illustrationen dienen ausschließlich Beispiele aus Museumsbesitz. Allesamt könnten sie eine eigene, lange Geschichte erzählen. Mit dem Streifzug durch 150 Jahre Weltausstellungen dürfte so mancher neue Aspekt angedeutet, so mancher neue Zusammenhang angesprochen werden. Was die heutigen Expos mit den Zielen der großen Universalausstellungen des 19. Jahrhunderts verbindet und welche Berechtigung ihnen in der Gegenwart zukommt, mag jeder Leser selbst beurteilen. Die informative und anregende Lektüre kann ihn bei seiner Entscheidung möglicherweise ein wenig unterstützen in einer Zeit, in der wir selbst immer wieder Gäste in aller Herren Länder sind.

G. Ulrich Großmann

Die großen Weltausstellungen des 19. und frühen 20. Jahrhunderts

1 Firmenschild,
Detail vom Schreibschrank der Gebrüder Barth, 1851
Mit einer verliehenen Auszeichnung zu werben, ist für Handwerker und Künstler schon vor der Zeit der Weltausstellungen eine beliebte Möglichkeit, Reputation zu demonstrieren. Die Gebrüder Barth aus Würzburg übernehmen beispielsweise die ihnen 1844 auf der Berliner »Ausstellung vaterländischer Gewerbserzeugnisse« zuerkannte Medaille in ihr Firmenschild.

Man schreibt das Jahr 1851. Die ganze Welt ist zu Gast in London, der Metropole des englischen Königreiches. Anlass für die Besucher aus aller Herren Länder ist die »Great Exhibition of the Works of Industry of All Nations«, die erste Weltausstellung. Mit ihr beginnt eine Serie gleichartiger Veranstaltungen, die in immer kürzeren, unregelmäßigen Abständen und mit wechselnden Standorten und Schwerpunkten bis zum heutigen Tag Bestand haben. In dieser knapp 150jährigen Tradition stand zuletzt die EXPO 2000 in Hannover.

Obwohl die Weltausstellungen in der Mitte des 19. Jahrhunderts etwas bahnbrechend Neues sind, haben sie natürlich Vorläufer. Sie entwickeln sich aus jenen Industrie- und Gewerbeausstellungen auf regionaler und nationaler Ebene, die von privaten gewerbefördernden Institutionen und den »patriotischen Gesellschaften« ab etwa 1750 ins Leben gerufen worden sind. Hauptziel dieser Fach- und Universalausstellungen war der Informationsaustausch von Gewerbe, Handwerk und Kunst. Eine gezielte Absatzförderung – das wichtigste Merkmal einer modernen Industrieschau – steht erstmals bei der Pariser Nationalausstellung von 1798 im Vordergrund. Diese ist insofern entscheidend durch die Französische Revolution initiiert, als in deren Folge Handel und Industrie weitgehend erloschen sind. Um diesem Umstand entgegenzuwirken, sieht sich die Regierung Frankreichs veranlasst, staatliche Maßnahmen zu ergreifen. So wird im Sommer 1796 der Vorschlag diskutiert, denjenigen Handelsbetrieben und gewerblichen Unternehmen Prämien in Aussicht zu stellen, die sich durch besondere Leistungen – vor allem auf dem Gebiet von Exportprodukten – hervortun. Die »Preisverteilung« selbst soll im Rahmen einer öffentlichen Ausstellung vorgenommen werden. Zwei Jahre später ist es soweit: Der französische Innenminister François Neufchâteau (1750-1828) ruft in einem Rundschreiben an sämtliche Departements zur Teilnahme an einer fünftägigen Ausstellung auf dem Pariser Marsfeld auf. Zugelassen sind alle Angehörigen von Handel und Gewerbe, sofern sie französische Bürger sind. Obwohl der Aufruf des Ministers zunächst wenig Erfolg hat, zählt man bei der feierlichen Eröffnung am 17. September 1798 immerhin 109 Aussteller, wobei auf Grund der zu kurzen Terminierung des Projektes allerdings keine Teilnehmer aus den Provinzen vertreten sind. Ein Katalog und ein »Amtlicher Bericht« begleiten die Präsentation. Der Idee von 1796 Folge leistend prämiiert eine hochkarätig besetzte Jury die Teilnehmer und verleiht zwanzig Auszeichnungen. Die preisgekrönten Arbeiten kann das Publikum ab dem fünften Tag der bis zum 1. November verlängerten Ausstellung im eigens hierfür gebauten »Temple de l'Industrie« bewundern. Dieser nach allen Seiten geöffnete Rundbau steht in der Mitte des rechteckigen Ausstellungsplatzes, der seinerseits – an mittelalterliche Rathausarkaden erinnernd – von 68 Rundbögen eingefasst wird. Mit der beschriebenen Anlage hat man speziell für diese eine Industrieschau eine Ausstellungsarchitektur errichtet. Aus Holz gebaut ist jedoch von Anfang an klar, dass die Gebäude nur für wenige Wochen stehen bleiben sollen. Wichtiger als eine beeindruckende Architektur für die Nachwelt zu schaffen ist erklärtermaßen die Absicht, der französischen Industrie zu neuem Aufschwung zu verhelfen. Zum anderen will die junge Republik zeigen, dass sie sich von den Wirren der vergangenen Jahrzehnte erholt hat und nun durchaus wieder imstande ist, sich mit anderen Nationen zu messen. Vor allem beabsichtigt man aber, dem Vorurteil entgegenzutreten, dass England der eigenen Nation überlegen sei. Der außerordentliche Besuchererfolg dieser ersten Nationalausstellung auf französischem Boden spricht für sich: stolz und mit nationalem Selbstbewusstsein tritt Frankreich in das neue Jahrhundert.

Nahezu alle Industrieausstellungen der Folgezeit nehmen das beschriebene Modell als Vorbild. Vergleichbare Präsentationen – vor allem nationaler Art, zum Teil jedoch bereits mit internationaler Beteiligung – gibt es in den folgenden fünfzig Jahren in enger Folge in sämtlichen europäischen Ländern.

Für Deutschland ist vor allem die »Allgemeine Ausstellung deutscher Gewerbserzeugnisse« in Berlin (1844) von Bedeutung. Mit über 3.000 Ausstellern ist es die bis dahin größte ihrer Art im deutschsprachigen Gebiet, ja sie kommt im Niveau sogar an die mittlerweile fest etablierten französischen Nationalausstellungen heran. Die Organisation der Veranstaltung übernimmt eine Zentralkommission, der regionale Anmeldestellen untergeordnet sind. Die Teilnehmer stammen aus den Mitgliedsstaaten des Zollvereins, aus den preußischen Provinzen, Österreich und den übrigen Staaten des Deutschen Bundes. Die Ausstellung selbst findet in den Räumen des Berliner Zeughauses statt. Alle wichtigen Wirtschaftszweige sind vertreten, von der Rohstoffgewinnung über die verarbeitenden Industrien und die Maschinenfabrikationen bis hin zum Kunstgewerbe. Nicht zuletzt das Zusammenspiel von staatlicher und privater Gewerbeförderung hat diese umfassende, gut zwei Monate währende Darstellung der deutschen Industrie ermöglicht. Kein Wunder, dass sie als erstes Beispiel für übergreifende nationalwirtschaftliche Tendenzen der ökonomischen Entwicklung in Deutschland auf großes Publikumsinteresse trifft.

London 1851
»Great Exhibition of the Works of Industry of All Nations«

Begonnen hat alles im Jahr 1849. Zwei Mitglieder der englischen »Royal Society of Arts«, Sir Henry Cole (1808-1882) und Digby Wyatt (1820-1877), reisen im Sommer dieses Jahres als Beobachter bzw. Berichterstatter zur französischen Nationalausstellung. Am Rande ihres Besuches in Paris erfahren sie, dass der Wirtschafts- und Handelsminister Louis-Joseph Buffet (1818-1898) alle französischen Handelskammern per Erlass aufgefordert hat, sich an der Vorbereitung einer für 1851 ins Auge gefassten, internationalen Industrieausstellung zu beteiligen. Um den Franzosen zuvorzukommen, handeln die Engländer umgehend: Noch in demselben Jahr gelingt es Cole und Wyatt, eine Reihe von Mitstreitern für ihr hochgestecktes Ziel zu finden, die erste internationale Ausstellung dieser Art in

2/3 Porträts von Königin Victoria und Prinz Albert, Details vom Schreibschrank der Gebrüder Barth, 1851
Victoria, Königin von Großbritannien und Irland, heiratet im Jahr 1840 ihren Cousin Albert von Sachsen-Coburg-Gotha. Von ihrem Gemahl geschickt und gut beraten gelingt es ihr, die von ihren Vorgängern in Misskredit gebrachte Monarchie wieder fest im Volk zu verankern. Dem Engagement Prinz Alberts ist es zu verdanken, dass die erste Weltausstellung, die »Great Exhibition of the Works of Industry of All Nations«, 1851 in London stattfindet.

4 Erinnerungsmedaille der Londoner Weltausstellung, 1851. John Ottley, Birmingham
Mehr als 40 verschiedene Medaillen werden als Andenken an die erste Weltausstellung geprägt. Mit der Abbildung des Gebäudes, der Nennung von königlichem Förderer (Prinz Albert), Architekt (Paxton) und Baufirma (Fox & Henderson) und zusätzlichen Angaben wie Länge, Breite, Höhe und Grundfläche stellt John Ottley auf der Rückseite seiner Medaille die Eckdaten des »Kristallpalastes« zusammen. Optischer Eindruck und bauliche Hintergrundinformationen werden somit gekoppelt.

England auszurichten. Unterstützt werden sie von zahlreichen Privatpersonen und vor allem von der bereits genannten »Royal Society of Arts«, deren Präsident der deutschstämmige Prinz Albert (1819-1861) aus dem Haus Sachsen-Coburg-Gotha ist, Gemahl der regierenden Königin Victoria V. (1819-1901). Nach mehreren Vorkonferenzen verkündet letzterer im Oktober 1849 den vom Parlament genehmigten Beschluss, im Sommer des Jahres 1851 die »Great Exhibition of the Works of Industry of All Nations« im Londoner Hyde Park abzuhalten. Prinz Albert selbst soll diesen repräsentativen Ausstellungsort vorgeschlagen haben – gegen die anfänglichen Widerstände von Lords, Grundbesitzern und Anwohnern dieses Stadtteils. Die eigens gegründete »Royal Commission« ist in der Folgezeit zuständig für alle Fragen bezüglich Organisation und Finanzierung dieser ersten Weltausstellung. An ihrer Spitze steht ebenfalls Prinz Albert, durch dessen persönliches Engagement noch so manches Hindernis aus dem Weg geräumt werden sollte.

Der Plan zu einer derartigen Ausstellung – letzten Endes unabhängig davon, ob sie von Frankreich oder England ausgerichtet wird – findet nicht nur Befürworter. Einer der prominentesten Gegner ist Karl Marx (1818-1883). In der gemeinsam mit Friedrich Engels (1820-1895) herausgegebenen »Neuen Rheinischen Zeitung. Politisch-ökonomische Revue« schreibt er im Jahr 1850, also noch im Vorfeld der »Great Exhibition«: »Diese Ausstellung wurde von der englischen Bourgeoisie im Jahr 1849, als noch der ganze Kontinent von der Revolution träumte, mit der bewundernswertesten Kaltblütigkeit ausgeschrieben. In ihr beruft sie ihre sämtlichen Vasallen von Frankreich bis China zu einem großen Examen zusammen, auf dem sie nachweisen sollen, wie sie ihre Zeit benutzt haben; und selbst der allmächtige Zar von Rußland kann nicht umhin, seinen Untertanen zu befehlen, auf dieser großen Prüfung zahlreich zu erscheinen. ... Diese Ausstellung ist ein schlagender Beweis von der konzentrierten Gewalt, womit die moderne große Industrie überall die nationalen Schranken niederschlägt und die lokalen Besonderheiten in der Produktion, den gesellschaftlichen Verhältnissen, dem Charakter jedes einzelnen Volks mehr und mehr verwischt.«

In England wird die Stimmung im Vorfeld der geplanten Ausstellung jedoch immer euphorischer. Anfänglich erbitterte Gegner wie Colonel Charles Sibthorp (1783-1855) lassen sich später sogar in die verantwortlich zeich-

5 Südlicher Haupteingang zum Kristallpalast, 1851
Das Tonnengewölbe des Querschiffs findet seine architektonische Entsprechung in der Fassadengestaltung. Für die Zeitgenossen äußerst ungewohnt ist dabei das Verwenden und Sichtbarmachen vorgefertigter Konstruktionselemente (hauptsächlich aus Eisen und Glas) bzw. eine bis dahin unbekannte Transparenz des Gebäudes. Letztere führt zu der noch heute üblichen Bezeichnung »Kristallpalast« für das Ausstellungsgebäude von 1851.

nende »Royal Commission« wählen. Sibthorp wehrt sich zunächst vehement gegen die Auswahl des Bauplatzes, da für eine Ausstellungshalle zwölf riesige Ulmen gefällt werden müssen, ein Umstand, der vom zuständigen »Comissioner of Woods and Forrests« jedoch bereits genehmigt war. Mehr durch Zufall können übrigens dann doch noch vier Bäume gerettet werden: Nachdem die Forstaufsicht an einen Nachfolger übergegangen ist, macht man dem planenden Architekten zur Auflage, die Standorte der Bäume beim Bau zu berücksichtigen.

Als ein viel größeres Problem erweist sich hingegen die Finanzierung der Weltausstellung. Das englische Parlament hat eine finanzielle Unterstützung durch den Staat ausgeschlossen und zudem auch eine Bürgschaft abgelehnt. Um ihr Vorhaben dennoch verwirklichen zu können, muss die »Royal Commission« neue Wege finden. Mit Hilfe von privaten Subskriptionen und besonders durch Bankvorschüsse, die durch einen Garantiefond der »Royal Commission« gedeckt sind, kann man an den nächsten Schritt zur Realisierung der »Great Exhibition« denken, die Planungen für ein Ausstellungsgebäude.

Im Februar 1850 wird vom Parlament beschlossen, dass das von Beginn an durch Prinz Albert ins Spiel gebrachte Gelände im Hyde Park von der Regierung kostenlos für das Weltausstellungsprojekt zu Verfügung gestellt wird. Ein internationaler Wettbewerb folgt, die Ausschreibungsunterlagen sind in Englisch, Französisch und Deutsch zu erhalten. Die Architekten werden aufgefordert, auf einem Areal von rund 65.000 m^2 ein zusammenhängendes Ausstellungsgebäude zu entwerfen. Obwohl zwischen Ausschreibungsbeginn und Einsendeschluss lediglich knapp vier Wochen liegen und zudem kein Preisgeld zu erringen ist, werden etwa 240 Entwürfe eingereicht (38 davon kommen aus dem Ausland, 3 davon aus Deutschland). Bei der Beurteilung durch die Kommission werden zwei Entwürfe besonders hervorgehoben: zum einen jener der Ingenieure Richard (1798-1881) und Thomas Turner (1820-1891?) aus Dublin, die zuvor das Palmenhaus in den Kew Gardens gebaut hatten, zum anderen der des Pariser Architekten Hector Horeau (1801-1872). Beide Vorschläge sehen Gebäude aus Glas-Eisen-Konstruktionen vor. Sie werden jedoch nicht ausgeführt, da sie den veranschlagten finanziellen Rahmen von 100.000 Pfund weit überschreiten. Unklar ist, wie es genau weitergeht. Die überlieferten Daten und Fakten widersprechen sich teilweise oder aber erscheinen aus heutiger Sicht unlogisch in ihrer Abfolge. Festzuhalten gilt, dass das Baukomitee der »Royal Commission« einen eigenen Entwurf ausarbeitet und diesen veröffentlicht – auch er hätte im übrigen den Finanzrahmen um 40 Prozent überschritten. Parallel dazu gibt es aber offensichtlich schon Verhandlungen mit Joseph Paxton (1803-1865). Letztlich überzeugt seine Idee, das Ausstellungsgebäude aus vorgefertigten Eisen- und Glaselementen zu errichten, ganz in der noch jungen Tradition der Gewächshäuser. Der Einsatz neuer Fertigungs- und Produktionsmethoden bedeutet dabei nicht nur eine deutliche Kostenreduzierung, sondern minimiert zudem die Bauzeit auf wenige Monate. Dennoch ist es allein Paxtons Risikobereitschaft zu verdanken, dass nach nur siebzehn Wochen der »Kristallpalast«, wie ihn die Zeitgenossen sehr treffend betiteln, fertiggestellt ist. Um das Gebäude termingerecht übergeben zu können, beginnt der Architekt gemeinsam mit seiner Baufirma Fox & Henderson kurz entschlossen mit dem Rohbau, ohne zunächst einen Vertrag in Händen zu haben. Dieser liegt erst über einen Monat später, nicht vor Ende Oktober 1850, in unterzeichneter Form vor.

Paxtons Idee für das Ausstellungsgebäude ist ebenso einfach wie genial. Um das Prinzip der Reihung anwenden zu können, arbeitet er mit einem Grundraster. Als kleinste Einheit

6 Blick in das Querschiff des Kristallpalastes, 1851
Innerhalb weniger Monate werden standardisierte Einzelteile zu einer gigantischen Ausstellungshalle zusammengefügt. Es ist kaum zu glauben, dass das tonnengewölbte Querschiff einzig durch die – relativ spät geäußerte – Auflage der Baukommission entsteht, einige große Ulmen zu erhalten. Joseph Paxton greift dabei zu einem Geniestreich: Er überbaut die Bäume und bezieht sie damit in die Ausstellung ein. Nicht zuletzt hier wird die Parallele zu Gewächshäusern deutlich.

INDIA
INDIA
INDIA

wählt er ein Quadrat von 24 englischen Fuß (etwa 7,30 m) Kantenlänge, ein Maß, das auf die damals produzierbare Maximalbreite von Glasscheiben (4 Fuß) zurückgeht. Aus diesem Modul entwickelt Paxton ein für seine Zeit unvorstellbar großes Bauwerk. Über einer Fläche von 77 mal 17 Modulen errichtet er ein fünfschiffiges Gebäude. Die Höhe des Mittelschiffs beträgt mehr als 20 m, die Seitenschiffe werden nach außen (durch zwei Abstufungen) niedriger. Besonders markant wird der Bau durch die Hinzufügung eines tonnengewölbten Querschiffs. Mit seinen 33 m Höhe durchschneidet es etwa mittig die 563 m lange Ost-West-Achse und überwölbt zugleich die oben bereits erwähnten, heftig umkämpften Bäume. Alles in allem überdeckt Paxtons Bau eine Grundfläche von mehr als 70.000 m^2. Sie ist weitgehend stützenfrei und variabel einzuteilen. Um zusätzlichen Raum zu gewinnen, werden die mittig gelegenen Seitenschiffe zweigeschossig ausgebaut und Mittel- und Querschiff mit einer umlaufenden Galerie versehen. Addiert man sämtliche Grundflächen, so stehen für die »Great Exhibition« mehr als 90.000 m^2 statt der ursprünglich geforderten 65.000 m^2 zur Verfügung. Hinzu kommt noch ein »Maschinenhaus« nordwestlich vom Kristallpalast. Zum einen ist hier die zentrale Wasserversorgung untergebracht, zum anderen wird in fünf riesigen Kesseln jene Dampfkraft erzeugt, die für die ausgestellten und in Aktion befindlichen Maschinen erforderlich ist.

Liest man zeitgenössische Beschreibungen zum Glaspalast, so sind es immer wieder die Materialien, die die Beobachter beeindrucken. Stellvertretend für viele andere sei an dieser Stelle der Schweizer Berichterstatter Gangolf Delabar (1805-1884) zitiert: »Das Gerippe des Gebäudes ist von Eisen und die Wände und das Dach von Glas. Die tragenden Säulen, in Abständen von 24 Fuß voneinander gestellt, sind von Gusseisen und hohl, um das Wasser von dem Dache aufnehmen und wegleiten zu können. Die verschiedenen Bindebänder und Sprengwerke sind von Schmiedeeisen und die dazwischen eingefügten Wände und Decken, wie gesagt, aus schönem Scheibenglas.« Völlig unterschlagen wird in der Regel, dass im Inneren auch größere Mengen Holz verbaut sind. Möglicherweise fällt dies aber nicht so auf, da es in den Primärfarben gefasst ist. Sowohl für Teile der Galerien als auch für den Fußboden finden übrigens – auch dies ein Geniestreich Paxtons – die Bretter von der Umzäunung des Baugeländes Wiederverwendung! Ins Schwärmen geraten die Berichterstatter aber vor allem über die Großzügigkeit des Kristallpalastes, seine lichtdurchflutete Helligkeit und seine scheinbar unbegrenzte Weite. Lothar Bucher (1817-1892), ein ehemaliger Abgeordneter der preußischen Nationalversammlung und in den frühen 1850er Jahren als Emigrant in London ansässig, nennt den Anblick des Gebäudes »märchenhaft«, bezeichnet es als »ein Stück Sommernachtstraum in heller Mittagssonne«. Theodor Fontane (1819-1898) beschreibt seinen Eindruck mit den Worten: »Ich trat in den Hyde Park; die Sonne stand in Mittag, und unter ihrem Strahlenstrom glühte die noch ferne Kuppel des Kristallhauses auf wie ein »Berg des Lichts«, wie der echte und einzige Kohinur. Es brauchte kein Fragen und Suchen nach ihm: er war sein eigener Stern.«

Auf der anderen Seite gibt es natürlich skeptische Stimmen, denn nicht jedermann ist beispielsweise von der Haltbarkeit dieses »Glashauses« überzeugt. Auch der Nürnberger Johann Caspar Beeg (1809-1867), der einer von der bayerischen Staatsregierung nach London entsandten Delegation angehört, kann trotz allen Lobes seine Bedenken nicht ganz unterdrücken: »Der Riesenbau ... steht nun vollendet da. Wissenschaft und Kunst haben miteinander gewetteifert, um ein Bauwerk aufzustellen, das seines Gleichen bisher nicht hat, und in Construktion und Einrichtung so viel Interessantes gewährt und so

7 Gemeinschaftsstand des Deutschen Zollvereins in London, 1851
Die seit 1834 im Zollverein zusammengefassten Territorien bestücken auf der »Great Exhibition« einen gemeinsamen Stand. Im Hintergrund, rechts der mittleren Nische, ist schemenhaft der Schreibschrank der Gebrüder Barth zu erkennen. Die allgemein bemängelte Präsentation der deutschen Waren ist zumindest für diesen Teil der Zollvereins-Ausstellung nicht nachvollziehbar.

manche nützliche, nachahmenswerthe Fingerzeige gibt, dass es schon für sich allein der aufmerksamsten Beachtung wert ist. Wollen wir hoffen, dass die von mehreren Seiten, selbst von englischen Sachverständigen ausgesprochenen Befürchtungen, als vermöge der Bau schwerlich dem Seitendruck widerstehen, den ein nur etwas heftiger Sturm auf dasselbe ausüben muß, sich als unbegründet erweisen.«

Nach all den Diskussionen und Vorberichten naht schließlich der große Tag. Am 1. Mai 1851 ist es endlich soweit. Mit viel Aufwand und Prunk wird die »Great Exhibition of the Works of Industry of All Nations«, die erste Weltausstellung, durch die Königin von England und den Erzbischof von Canterbury feierlich eröffnet. Hunderttausende säumen an jenem Tag die Straßen zum Hyde Park, um das Ereignis zu feiern und die königliche Familie zu begrüßen. Lothar Bucher zählt zu jenen 25.000 Besuchern, die es schaffen, in die Ausstellungshalle zu gelangen, bevor ihre Pforten aus Angst vor Überfüllung geschlossen werden. Buchers ausführlicher Bericht über die Eröffnung vermittelt uns einen guten Eindruck von der Zeremonie. Einige Stunden nach dem Einlass der Gäste verkünden Jubelrufe, Salutschüsse und Trompetenfanfaren die Ankunft der königlichen Familie. Begleitet von

8 Schreibschrank, 1851. Gebrüder Barth, Würzburg
Stephan (1809-1884) und Adam (1815-1882) Barth, Schreinermeister aus Würzburg, präsentieren auf der Londoner Weltausstellung einen Schreibschrank aus Nussbaum, Palisander und Ebenholz. Dass er eigens für dieses Ereignis angefertigt wurde, lässt sich an den Porträts des englischen Königspaares auf den Innenflügeln der Türen ablesen.

9 Schreibschrank, 1851. Gebrüder Barth, Würzburg
Öffnet man die Schublade und die Türen des Schrankes, so zeigen sich ein detailreicher Innenaufbau und feinteilige Einlegearbeiten aus Schildpatt, Elfenbein, Messing und Kupfer. Die Porträts von Königin Victoria und Prinz Albert sind ebenso wie die Darstellung von zwei englischen Schlössern eine Huldigung an die Londoner Gastgeber.

einer mächtigen Orgel stimmen Londoner Chöre die englische Nationalhymne an, während die Königin einen eigens in der Mitte des Ausstellungspalastes errichteten Thron besteigt. Nach einem Gebet des Erzbischofs von Canterbury erklingt das »Halleluja« aus Händels »Messias«. Sodann folgen die Eröffnungsansprache und der Rechenschaftsbericht der Ausstellungskommission, den der Gemahl der Königin, Prinz Albert von Sachsen-Coburg-Gotha, als Kommissions-Präsident verliest. Nachdem Königin Victoria der Ausstellung viel Erfolg und Gottes Segen gewünscht hat, folgt ein gemeinsamer Rundgang durch die Halle. Angeführt von Herolden macht sich ein Zug von etwa einhundert Personen auf den Weg zu einer »Prozession rund um die Welt«: an der Spitze der Architekt Paxton und die Bauunternehmer Fox und Henderson, anschließend Mitglieder der verschiedenen Ausführungs- und Organisations-Komitees, als nächstes die englischen und ausländischen Kommissare, Botschafter und Minister, abschließend die Mitglieder des Königshauses mit ihrem engsten Gefolge, darunter – aus deutscher Sicht interessant – die späteren Kaiser Wilhelm I. (1797-1888) und Friedrich III. (1831-1888) als Vertreter des preußischen Hofes. Zum Thron zurückgekehrt erklärt Königin Victoria die Ausstellung für eröffnet. Erneute Fanfaren und die Nationalhymne verkünden das Ende der Zeremonie, die wohl am treffendsten als Kombination von Staatsakt und Gottesdienst charakterisiert werden kann.

Kurz darauf wird der Kristallpalast für das staunende Publikum freigegeben. Dieses trifft auf mehr als 17.000 Aussteller aus 28 Nationen. Sie alle sind in London zusammengekommen, um auf dieser ersten Weltausstellung in friedlichem Wettstreit miteinander zu konkurrieren. Noch nie waren derart viele Völker mit ihren Waren an einem Ort vereint. So ist es nicht verwunderlich, dass der Aufbau der Ausstellung aus heutiger Sicht recht chaotisch vonstatten gegangen ist. Bei den Mengen von hin und her zu schaffendem Material müssen die Transporteure oft tagelang warten bis sie – in Ermangelung breiter Tore – endlich mit ihren Kisten durch die schmalen Einlasstüren gelangen. Auf der anderen Seite ist bis dato Unvorstellbares in London vollbracht worden, und so ist es durchaus verzeihlich, dass beim offiziellen Ausstellungsbeginn längst noch nicht alles aufgebaut ist – ein Manko, das auch für alle Folgeveranstaltungen zutreffen wird! Am Eröffnungstag stören auf den Gängen abgestellte Transportkisten und -kästen ebenso das Bild wie leere Ausstellungsflächen. Etwa zehn Prozent der ausländischen Teilnehmer haben den Aufwand der Vorbereitungen und des Aufbaus ganz offensichtlich stark unterschätzt, denn auch Tage später ist lediglich die englische Abteilung fertig. An allen anderen wird noch fleißig gearbeitet. Folgt man einem Bericht R. Scherers, so liegt vor allem Russland weit hinter dem Zeitplan zurück; sein bei Riga im Eis festliegendes Transportschiff kann gar erst Ende Mai in England anlegen.

Geplant ist zunächst, die Ausstellungsstücke in vier Hauptgruppen zu untergliedern. Die Einteilung in »Rohstoffe«, »Maschinen«, »industrielle Erzeugnisse« und »gewerbliche Erzeugnisse« stellt sich jedoch schon während der Vorbereitung als zu unpräzise heraus. Es werden insgesamt dreißig weitere Untergruppierungen notwendig, um der Flut der Waren Herr zu werden. Auf diese Art und Weise entsteht ein detailliertes Klassifikationssystem, nach welchem auch die Preismedaillen verteilt werden. Hinsichtlich der Präsentation der Ausstellung entscheidet man sich dann allerdings für eine Aufteilung nach Nationen. Das Abwenden von der ursprünglichen Absicht der »Royal Commission«, gleichartige Waren in direktem Vergleich nebeneinander zu zeigen, ruft sofort kritische Stimmen hervor. »Wären die gleichartigen Produkte aus allen Ländern nach der ursprünglichen Idee in einem und

10 Offizielle Erinnerungsmedaille der Londoner Weltausstellung, 1851.
William Wyon, London
Neben Preis- und Verdienstmedaillen verleiht die »Royal Commission« auch Erinnerungsmedaillen, deren Versand sich allerdings bis ins Spätjahr 1852 (!) verzögert. Die Erinnerungsmedaille für die Aussteller zeigt auf der Vorderseite das Porträt von Prinz Albert und auf der Rückseite den von einem Lorbeerkranz umfangene und von einer Taube bekrönten Erdball mit der Aufschrift »EXHIBITOR«. Erdkugel und Taube versinnbildlichen dabei das ideelle Ziel der ersten Weltausstellung – das Zusammenführen aller Völker in friedlicher Absicht zum Vergleich ihrer Gewerbeerzeugnisse.

demselben Raume ausgestellt worden, so würde nicht nur jeder einzelne Besucher sein Ziel viel schneller und leichter erreicht haben, sondern auch der Hauptzweck der Weltausstellung, die Vergleichung der nationalen Leistungen, hätte sich nach meinem Dafürhalten gewiss noch viel vollkommener erreichen lassen«, bemängelt beispielsweise der Schweizer Berichterstatter Gangolf Delabar.

Bei der Unterteilung nach Ländern wird dafür um so deutlicher, dass die englische Abteilung die mit Abstand größte ist. Zusammen mit seinen Kolonien beansprucht das Vereinigte Königreich von Großbritannien etwa die Hälfte der gesamten Ausstellungsfläche, nämlich den kompletten Westteil des Kristallpalastes einschließlich des gewölbten Querschiffs. Dabei können die leitenden Kommissare längst nicht all jene Landsleute berücksichtigen, die sich um eine Teilnahme bemüht haben. Die Auswahl der ausländischen Aussteller überlässt die »Royal Commission« den eingeladenen Nationen selbst. In die Zusammenstellung der Exponate mischt sie sich nicht ein – sie macht lediglich zur Auflage, dass der zur Verfügung gestellte Raum nicht überschritten werden darf. In Deutschland hat man in Ermangelung einer nationalen Einheit mehrere Kommissionen zur Auswahl der Teilnehmer eingesetzt. Mit einem repräsentativen Bild darf somit von Anfang an nicht gerechnet werden. Zwar bestücken die seit 1834 im Deutschen Zollverein zusammengefassten Territorien einen gemeinsamen Stand, doch trifft man neben diesem auf weitere deutsche Kleinstaaten. Vor allem die norddeutschen Küstenstaaten wie die Großherzogtümer Oldenburg, Mecklenburg-Schwerin und Mecklenburg-Strelitz, die Hansestädte Hamburg und Lübeck, sowie das Königreich Hannover legen größten Wert auf eine autonome Präsentation. Mit zusammen 158 Ausstellern liegen sie jedoch schon rein zahlenmäßig deutlich hinter den 1.435 im offiziellen englischen Katalog aufgeführten Ausstellern des Deutschen Zollvereins, zu denen auch 102 Teilnehmer aus Bayern zählen. Letztere liefern zwar keinen Beitrag zur Maschinenabteilung, zeigen dafür aber vielfältige Beispiele in den drei anderen Sektionen. Im amtlichen Katalog wird beispielsweise die Stadt Fürth hervorgehoben, die gleich mit zehn Herstellern von Bronzepuder, Rauschgold- und Farbfolien in London vertreten ist. Aus Nürnberg werden neben C. Abel

Klinger (Globen und Kompanden), Kassian Held (Meerschaumpfeifen), Stefan Kellner (Glasgemälde) und G. L. Eichner (Zinnfiguren) aufgeführt, ganz zu schweigen von der Firma W. A. Faber aus Stein (Bleistifte).

Wie schlecht und unausgeglichen der Gesamteindruck der deutschen Ausstellung dennoch ist, lässt sich besonders in Gegenüberstellung mit der französischen Abteilung ersehen. Lediglich in ihrem Umfang sind beide vergleichbar – in Präsentation und Anspruch liegen Welten zwischen ihnen! Zum einen fehlen bei den Deutschen wichtige Hersteller – sei es aus Scheu vor den Kosten, sei es aus Angst vor der übermächtigen englischen Konkurrenz –, zum anderen reicht der zugeteilte Raum von etwa 7.500 m² für die angelieferten Produkte bei weitem nicht aus. Vor allem aber wird die Darbietung des deutschen Angebotes bemängelt: Nicht zuletzt lassen etwa fehlende Vitrinen selbst die eigenen, nach London entsandten Kommissare von einem »geschmackwidrigen Zusammenhäufen und Aneinanderdrängen der Gegenstände« berichten.

Trotz der kleinen Widrigkeiten erweist sich die Ausstellung von Anfang an als Publikumsmagnet. Über sechs Millionen Besucher werden in der Zeit zwischen Anfang Mai und Mitte Oktober 1851 gezählt. Die Gäste kommen bei weitem nicht nur aus dem eigenen Land, obwohl viele Engländer die »Great Exhibition« zum Anlass nehmen, erstmals nach London zu fahren. Durch die gestaffelten Eintrittspreise, die – abgesehen von den ersten Tagen im Mai – je nach Wochentag zwischen 1 Pfund und 5 Schilling liegen, wird es nahezu jedermann ermöglicht, einen Spaziergang durch die weite Welt der Waren und Erfindungen zu machen. Ausschlaggebend für das große Interesse ist sicherlich auch die auf Breitenwirkung zielende, überregionale Werbung. Zudem wird die Neugierde auf die »ganze Welt an einem Ort« durch eine umfangreiche und regelmäßige Berichterstattung in der internationalen Tages- und Fachpresse geweckt. Alles in allem kann man von der Londoner Weltausstellung als der Geburtsstunde des modernen Massentourismus sprechen, denn neue Verkehrsmittel wie Eisenbahn und Dampfschiff bringen eine nicht abreißende Flut von Besuchern nach London. Thomas Cook (1808-1892) hat in diesem Zusammenhang eine ebenso einfache wie bahnbrechende Geschäftsidee: mit Hin- und Rückfahrt zur englischen Metropole, Übernachtung und Ausstellungsbesuch bietet er als Komplettpaket erstmals Pauschalreisen an und begründet damit eine bis zum heutigen Tag gern genutzte Form des Reisens.

Doch zurück zur Ausstellung selbst. Sie soll erklärtermaßen dem Besucher die Möglichkeit bieten, sich einen Überblick über die Rohstoffe, die weltweit produzierten Industrieerzeugnisse und über das Kunstgewerbe zu verschaffen. Am populärsten, und zugleich am stärksten frequentiert, sind die großen Maschinen. Dampf- und Mähmaschinen, Lokomotiven oder hydraulische Pressen sind genau jene Erfindungen und Weiterentwicklungen, die mit dem allgemeinen Fortschritt gleichgesetzt werden. Großes Interesse findet ferner ein elektrischer Telegraph, der London mit Manchester und Edinburgh verbindet. Ganz unprätentiös wird er übrigens auch als Kommunikationsmöglichkeit zwischen den Aufsehern an den Eingängen zum Kristallpalast eingesetzt, um eine Überfüllung des Ausstellungsgebäudes zu vermeiden. Die von dem Essener Unternehmer Alfred Krupp (1812-1887) ausgestellte Kanone wird hingegen zunächst verspottet. Andererseits zieht sie jedoch zahlreiche Neugierige an. Dies sind nur ganz vereinzelte Beispiele aus dem schier unbegrenzten Warenangebot, das den Besucher förmlich erschlägt: Bodenschätze und Rohstoffe stehen neben Architektur- und Ingenieurmodellen, Skulpturen und Porzellan neben wissenschaftlichen und medizinischen Instrumenten, ein Block aus Gussstahl neben Textil-

11 »Die grosse Welt-Industrie-Ausstellung in London 1851«
»Durch dieses Spiel soll der Zweck erreicht werden, eine Anschauung der vorzüglichsten Producte so wie Erzeugnisse der Industrie von verschiedenen Völkern der Erde möglichst einfach darzustellen, so dass man mit einem Blick übersieht, was das Haupterzeugnis oder Fabricat etc. etc. eines Landes ist. Es soll wie in London die grosse, hier eine kleine Welt-Industrie-Ausstellung gezeigt werden« heißt es in der der mehrsprachigen Spielanleitung.

erzeugnissen, Musikinstrumente neben Waffen. Selbst der 186karätige Koh-i-Nor-Diamant ist in der indischen Präsentation zu finden! Dieses nahezu unüberschaubare Nebeneinander völlig unterschiedlicher Produkte wird von Zeitgenossen nicht ausschließlich positiv beurteilt. So äußert Theodor Fontane in seinen »Kristallpalast-Bedenken«: »Indem ich diese bunte Reihe aufzähle, indem ich hinzufüge, dass diese Dinge und mit ihnen die Anregungen zahllos sind, spreche ich zugleich eine Gefahr und ein Bedenken aus. Anregung ist ein Segen, aber auch ein Unglück, sie führt zur Erkenntnis, aber auch – zur Konfusion. Anregung ist gut, aber es muß mit Maß und nach einem vernünftigen Prinzip angeregt werden. Geschieht dies nicht, so bleibt alles dem Zufall überlassen. Gewerbeausstellungen sind gut, Kunstausstellungen sind gut, zoologische und botanische Gärten, Museen und Galerien, Kunst- und Rüstkammern, alles ist gut und alles ist lobenswert, aber ein furchtbares Durcheinander all dieser Dinge ist eine geistige Parforce-Kur, durch die einige Universalgenies aus dem Volk zu Zierden der Nation geweckt und gebildet werden mögen, während die große Masse nichts davon hat als – Begriffsverwirrung.«

Im Sinne eines vergleichenden Wettbewerbs werden unter den etwa 17.000 Ausstellern Preise ausgelobt, allerdings nur Preismedaillen, keine Geldpreise. Eine Schar von Kommissaren begutachtet, beschreibt und bewertet wochenlang alles Dargebotene. Erst vier Tage nach dem letzten Öffnungstag wird das Ergebnis im Rahmen eines feierlichen Festaktes bekannt gegeben: 172 Verdienstmedaillen (»Council Medals«) und 2.987 Preismedaillen (»Prize Medals«) werden verliehen; 13 der ersten und 264 der zweiten Kategorie gehen an Aussteller des Zollvereins und der norddeutschen Staaten. Dabei ist zu berücksichtigen, dass die Verdienstmedaillen »eigentlich nur eine Art Höflichkeit der englischen Nation einer anderen Nation gegenüber oder außergewöhnliche Belohnungen für Kunstproducte und andere in ihrer Art einzigen Erzeugnisse« sind wie M. Blanqui aus London berichtet. Die eigentlichen Auszeichnungen für die Aussteller sind somit die Preismedaillen. Um jedoch eine weitere Abstufung zu ermöglichen, werden während der bereits laufenden Zusammenstellung der Juryberichte auf heftiges Drängen, vor allem der ausländischen Preisrichter, zusätzlich die sogenannten Ehrenvollen Erwähnungen (»Honorable Mentions«) eingeführt. Abgefasst als schriftliche Diplome werden insgesamt 2.163 von ihnen vergeben, 244 gehen an deutsche Teilnehmer.

Es ist schwer zu sagen, ob die erste Weltausstellung mehr ein Jahrmarkt, ein großes Fest oder eine Messe im modernen Sinne war. Für England, das Mitte des 19. Jahrhunderts unzweifelhaft den Höhepunkt seiner kolonialen Machtentfaltung erlebt, ist sie in erster Linie eine Selbstdarstellung. Die Geisteshaltung des viktorianischen Zeitalters ist zum einen geprägt von einem ungebrochenen Glauben an Technik und Fortschritt und zum anderen von der unbestrittenen Vorrangstellung des Vereinigten Königreiches in der Industrieproduktion. Doch will man sich in seiner Überlegenheit nicht abschotten, sondern seine Fähigkeiten voller Stolz der ganzen Welt zeigen, ja mit ihr in friedensfördernde Konkurrenz treten. Ein solches Forum ist mit der »Great Exhibition« geschaffen worden.

Die Hauptbedeutung der ersten Weltausstellung liegt darin, die Kräfte der Industrialisierung zu zeigen, sie akzeptierbar und in der ganzen Welt nutzbar zu machen. So groß die Zahl der in dieses Vorhaben eingebundenen Gruppen, so zahlreich und unterschiedlich sind die Ziele der Ausstellung im Detail. Insgesamt wird im Kristallpalast jedoch der Grundstein für einen Modernisierungsprozess gelegt, der bis zur Gegenwart anhält. Die Art der Rhetorik, wie sie erstmals zur Popularisierung der »Great Exhibition« gewählt wurde, wird noch heute genutzt, um technischen Fortschritt, Industrialisierung und Globalisierung anzupreisen. Die »Great Exhibition of the Works of Industry of All Nations« ist somit ein nicht zu unterschätzender Beitrag zur Geburt der modernen Industriegesellschaft, in der wir heute leben.

Doch entpuppt sich die Ausstellung nicht nur in ideeller Hinsicht als Erfolg. Neben neuen Absatzmärkten und Geschäftsverbindungen spielt sie einen erheblichen finanziellen Gewinn von etwa 180.000 Pfund ein. Ganz im Sinne von Gottfried Semper (1803-1879), der sich für eine gezielte Förderung der ästhetischen Erziehung unter Berücksichtigung der neuen technischen Bedingungen ausspricht, wird der erwirtschaftete Überschuss für Bildung und Wissenschaft eingesetzt. Prinz Albert veranlasst den Kauf eines großen Areals in South Kensington vis á vis vom Hyde Park, wo den vier großen Sektionen der Weltausstellung entsprechend wissenschaftliche Institutionen errichtet werden sollen. Eine unmittelbare Folge dieses Beschlusses ist die Gründung des South Kensington Museum (jetzt Victoria & Albert Museum), in das zahlreiche kunstgewerbliche Objekte direkt von der Weltausstellung übertragen werden. In Fortsetzung der damaligen Idee findet man auf dem genannten Areal heute das Natural History Museum, das Imperial College of Science and Technology (gegründet 1907 durch Verschmelzung des Royal College of Science und der Royal School of Mines), die Royal Colleges of Art and Music, die Royal Albert Hall und das Geological Museum.

12 Hauptgebäude der Münchner Industrieausstellung 1854
Der »Kristallpalast« von 1851 wird Vorbild für eine Vielzahl weiterer Ausstellungsbauten in Europa und Amerika. Die Glas-Eisen-Konstruktion beeindruckt nicht nur das Londoner Publikum; auch bei der Münchner Industrie-Ausstellung des Jahres 1854 ist das Gebäude selbst eine der Hauptattraktionen.

Abschließend noch eine Bemerkung zu Paxtons Kristallpalast. Als Theodor Fontane seinen letzten Gang durch das leere Gebäude macht schwingt in seinen Zeilen so etwas wie Wehmut mit, wenn er sagt: »Wie eine Riesenleiche streckt sich dieser Glasleib aus, dessen Seele mit jenen farbenreichen Shawls und Teppichen entflohn, die einst wie Phantasien ihn durchglühten und dessen geistiges Leben mit jenen tausend Meß- und Rechenkräften dahin ist, die eisern und unbeirrt ihr Urteil fällten. Es ist etwas Eigentümliches um die bloße Macht des Raumes. Das Meer und die Wüste – sie haben diesen Zauber. Und leise fühlt' ich mich von ihm berührt, als mein Auge die ungeheuren Dimensionen dieses Palastes durchmaß. Der Eindruck mag schöner, erquicklicher gewesen sein, als die ganze Welt ihr Bestes hier ausgebreitet hatte, imposanter war er nicht! Und als ich nun von Säule zu Säule diesen Raum durchschritt und, fast ermüdet durch die völlige Gleichheit und stete Wiederkehr aller einzelnen Teile, ... da erschien mir dieses Glashaus wie das Abbild Londons selbst: abschreckende Monotonie im einzelnen, aber vollste Harmonie des Ganzen.« Laut Kabinettbeschluss muss der Kristallpalast innerhalb eines halben Jahres nach Ausstellungsende aus dem Hyde Park entfernt werden. Der Initiative einer privaten Gesellschaft ist es zu verdanken, dass er im Londoner Stadtteil Sydenham unter Paxtons Leitung in leicht veränderter Form wiederaufgestellt werden kann. Schon ein dreiviertel Jahr nach dem Abbau wird er wiedereröffnet, erneut im Beisein von Königin Victoria und Prinz Albert. In den kommenden 85 Jahren dient er immer wieder als Ausstellungshalle, bevor er am 30. November 1936 einem Brand zum Opfer fällt.

Paris 1855
»Exposition universelle des produits de l'agriculture, de l'industrie et des beaux-arts de Paris, 1855«

»Revanche für London!« Dieser Wunsch nach einer Gegenveranstaltung in Paris ist bereits 1851 unter den französischen Ausstellern zu vernehmen. Ohne Bedenken, dass eine Zeitspanne von nur vier Jahren zu kurz sein könnte, um durchgreifend Neues vorführen zu können, lädt Kaiser Napoleon III. (1808-1873) zu einer zweiten Weltausstellung für das Jahr 1855 ein. Erst kurze Zeit an der Macht, hat er besonders starkes Interesse daran, mit der »Exposition universelle« den großartigen Erfolg von London zu übertrumpfen. Die Instrumentalisierung der Weltausstellung zu politischen Zwecken wird überdeutlich: nach Auflösung der Nationalversammlung und Ausrufung des zweiten französischen Kaiserreiches (1852) soll die Exposition die wirtschaftliche Stabilität Frankreichs demonstrieren und zugleich die Anerkennung der neuen Regierung durch das Ausland bewirken. Bereits im Frühjahr 1852, wenige Monate nach seiner Machtergreifung, legt Napoleon Bonaparte per Dekret als Termin den 1. Mai bis 30. September 1855 fest. Ausstellungsort soll ein noch zu errichtender Industriepalast sein. Eine eigens gegründete Kommission, deren Präsident Jérôme Prinz Napoleon (1805-1870), ein Neffe des Regenten, ist, wird mit der Durchführung des Großereignisses beauftragt. So weit ist nichts grundsätzlich anders als in London. Die bahnbrechende Neuerung bringt erst ein zweiter Erlass vom Juni 1853: Neben dem viel beachteten Kunstgewerbe hält 1855 die Kunst als selbständige Abteilung Einzug in das Ausstellungsvorhaben. Kurz entschlossen legt der Monarch die alle fünf Jahre stattfindende Ausstellung der Schönen Künste mit der von Industrie und Landwirtschaft zusammen. Damit vollzieht sich eine in die Zukunft weisende Wandlung von der Industrie- zur neuen Form der Universalausstellung. Programmatisch steht die Bezeichnung »Exposition universelle« im Titel der Pariser Weltausstellung an erster Stelle.

Als Standort für den bereits erwähnten Industriepalast bestimmt Napoleon III. ein Areal an der heutigen Avenue des Champs Élysees, damals noch ein Parkgelände. Der Versuch, die Finanzierung durch eine private Aktiengesellschaft zu gewährleisten, scheitert. Ohne Umschweife springt der französische Staat ein, der das »Palais de l'Industrie« noch bis 1897 nutzen wird. Als bleibender Bau konzipiert entscheidet man sich für eine merkwürdige Mischung: Eine dreischiffige Eisen-Glas-Konstruktion (entworfen von dem Franzosen Alexis Barrault [1812-1865], ausgeführt allerdings von der englischen Firma York & Co.) wird allseitig mit massiven Kalksteinmauern in Art von Palastfassaden (entworfen von Jean Marie Victor Viel [1796-1863] und Gustave Bridel [1826-1884]) verbrämt – gerade als traue man der neuen Bauweise doch nicht so ganz. Der Anschluss an traditionelle Bauformen wird besonders an dem mächtigen, einem zweigeschossigen Triumphtor nachempfundenen Haupteingang des Gebäudes deutlich. Mit seiner bekrönenden Figurengruppe (Allegorien von Kunst und Technik liegen der Personifikation Frankreichs zu Füßen) spiegelt er das Selbstbewusstsein der noch jungen Monarchie. Als man merkt, dass die gut 31.000 m^2 überbaute Fläche des Industriepalastes bei weitem nicht für alle Ausstellungsbewerber reichen wird, errichtet man ein zweites Gebäude. Bekannt geworden unter dem Namen »Galerie des Machines« handelt es sich hierbei um einen 1.200 m langen und nur 25 m breiten Gebäuderiegel entlang der Seine. Als Überdachung wählt

13 Haupteingang zum Industriepalast 1855
Der Industriepalast der Pariser Universalausstellung von 1855 wird im Gegensatz zum Kristallpalast als bleibender Bau konzipiert. Seine stark plastischen, monumentalen Fassaden aus Kalkstein verraten nichts von der dahinterliegenden Konstruktion aus Eisen und Glas. Bis 1897 bleibt der Bau erhalten, dann muss er in Vorbereitung der Weltausstellung von 1900 den bis heute bestehenden »Grand Palais« und »Petit Palais« weichen.

man – wie schon beim Hauptgebäude – eine Tonne aus Eisen und Glas. Sie wird die aufgestellten und diesmal sämtlich in Funktion gezeigten Maschinen aus dem In- und Ausland in buchstäblich »gutem Licht« dastehen lassen und gleichzeitig Platz bieten für zahlreiche Restaurationsbetriebe und Ruhezonen für die Besucher. Mit der Maschinenhalle schaffen die Franzosen einen Bautyp, der bei den nachfolgenden Weltausstellungen nicht mehr wegzudenken sein wird. Dennoch, der Platz reicht noch immer nicht aus, und man entschließt sich zum Bau zusätzlicher Einzelpavillons auf dem Ausstellungsgelände.

Die Wertschätzung der neuen Abteilung für Bildende Kunst schlägt sich nicht nur in der Einsetzung einer eigenständigen Ausstellungskommission nieder, sondern auch in der Errichtung eines separaten Gebäudes. Allerdings wird das »Palais des Beaux-Arts« von Anfang an als »Architektur auf Zeit« geplant und daher in einfacher Holz-Fachwerk-Konstruktion nach Entwürfen des Pariser Architekten Hector Lefuel (1810-1880) errichtet. Sein Standort an der Rue Montaigne befindet sich in unmittelbarer Nähe des Industriepalastes. Ausgestellt werden Werke der Malerei, Bildhauerei und Architektur. Frankreich präsentiert sich mit seiner alten, aber auch seiner zeitgenössischen Kunst. Unter den aktuellen Künstlern wetteifern vor allem zwei um die Gunst der Besucher, nämlich Eugène Delacroix (1798-1863) und Jean Auguste Dominique Ingres (1780-1867). Von der Jury nicht zugelassen wird übrigens der heute mindestens genauso bekannte Gustave Courbet (1819-1877) – er bestückt daraufhin kurzerhand einen eigenen Pavillon genau gegenüber vom Palais des Beaux-Arts und betitelt seine Präsentation mit dem Motto »Le réalisme«. Die künstlerischen Beiträge der Gastländer – etwa auch Deutschlands – sind deutlich geringeren Umfangs als die des Gastgeberlandes. Obwohl einzelne Werke von Peter Cornelius (1783-1867), Wilhelm von Kaulbach (1804-1874), Ludwig Richter (1803-1884), Adolf von Hildebrandt (1847-1921), Eduard von Steinle (1810-1866) oder Christian Daniel Rauch (1777-1857) ausgestellt werden, bedauert Georg Schirges in seinen im »Frankfurter Journal« publizierten »Briefen aus Paris«: »Wenn der deutsche Besucher der Kunstausstellung etwas zu beklagen hat, so ist dies die schwache Vertretung der deutschen Malerei. Frankreich hat seit den letzten zwanzig Jahren so viel in Deutschland gelebt, sich mit deutscher Wissenschaft und

Poesie so viel beschäftigt, daß es begierig war, nun auch unsere Malerei kennen zu lernen, begierig in dieser Beziehung mehr auf Deutschland, als auf jedes andere Land. Hier gab es für uns, für deutschen Geschmack, deutsche Weltanschauung, Kraft und Größe, dauernde Lorbeeren zu erringen, bleibenden Ruhm zu erwerben. Wir haben die Gelegenheit versäumt. Sie wird uns vorläufig nicht wieder geboten werden. ... Die Industrie in Ehren, und ganz besonders die vaterländische; aber es gibt Gott Lob auch noch andere berechtigte Interessen, höhere Lebenskräfte in Deutschland, welche geltend zu machen sind. Die Franzosen fühlen das selbst und sind in der That wohlwollend in ihrem Urtheil über die Vertretung Deutschlands auf der Kunstausstellung; es ist in der Presse mehrfach beklagt worden, dass sich Deutschland hier wieder von seiner negativen Seite zeigt.«

Zum Ausstellungsablauf nur wenige Anmerkungen: Der zunächst für den 1. Mai vorgesehene Eröffnungstermin wird Ende April (desselben Jahres!) kurzfristig verschoben. Als Grund werden Verzögerungen beim Aufbau angeführt, sowohl baulicher Art wie auch bei der Anlieferung der Exponate. Zwischen dem 15. Mai und dem 15. November 1855 trifft sich dann ein zweites Mal die ganze Welt, um »alle Produkte des menschlichen Schaffens« an einem Ort vereint zu bewundern. Mehr als 23.000 Aussteller (ohne die Künstler!) – andere Quellen nennen nur 21.000 – zeigen ihre Produkte auf einer Gesamtfläche von mehr als 15 Hektar. Mit beidem hat man das erklärte Ziel erreicht, die Londoner Ausstellung zu übertreffen. An Besuchern kommen hingegen rund eine Million weniger (exakt gezählt durch ein neu erfundenes Drehkreuz ähnlich jenen in den späteren Metro-Stationen). Da zudem von einer sehr großzügigen Abgabe von Freikarten berichtet wird und die zahlenden Besucher den Sonntag mit seinem auf 20 Centimes reduzierten Eintrittspreis bevorzugen, bleibt der Erlös weit hinter den Erwartungen zurück. Obwohl die »Exposition universelle« in vielerlei Hinsicht Maßstäbe für alle nachfolgenden Weltausstellungen setzt (sei es in der Planung, in der Prachtentfaltung oder auch in der Erweiterung des Themenspektrums) – aus finanzieller Sicht hat sie sich für Frankreich ganz und gar nicht gelohnt: sie schließt ab mit einem Defizit von mehr als 8 Millionen Francs!

Dennoch erreicht Napoleon mit der zweiten Weltausstellung das, was ihm am meisten am Herzen liegt: die Anerkennung seines Kaiserreiches. Ablesbar ist sie an den zahlreichen Besuchen ausländischer Regierungsvertreter in Paris während der Sommermonate des Jahres 1855. Auch wenn nicht alle wichtigen Staatsoberhäupter zur feierlichen Eröffnung oder zur ebenso spektakulären Abschlussfeier anreisen – ein Erfolg ist ihre Präsenz allemal! Selbst Königin Victoria begibt sich in die französische Metropole. Allein dies ist ein wahrhaft weltbewegendes Ereignis, denn Jahrhunderte lang hat kein englischer Monarch mehr französischen Boden betreten. Bedeutender als der Ausstellungsbesuch selbst sind in diesem Zusammenhang wohl die diplomatischen Gespräche am Rande, da sie von dem Bündnis zeugen, das England und Frankreich auf der Krim zum Erfolg gegen Russland verhilft. Wenn Kaiser Napoleon in seiner Eröffnungsrede am 15. Mai 1855 von der Ausstellung als ei-

14 Tapete aus der Serie »Hindostan«, Entwurf 1806 (Pierre Antoine Mongin), Druck nach 1830. Jean Zuber & Cie, Rixheim im Elsass
Achteinhalb der insgesamt 22 Bahnen umfassenden Bildtapete befinden sich im Besitz des Germanischen Nationalmuseums. In Art eines endlosen Panoramas ist eine orientalisch-indische Landschaft mit architektonischen und figuralen Versatzstücken dargestellt. Die Tapete erfreute sich auch knapp 50 Jahre nach ihrem Entwurf noch derart großer Beliebtheit, dass sie 1855 auf Pariser Weltausstellung eine Medaille erhält.

15 Preismedaille der Pariser Weltausstellung, 1855. Albert Barre, Paris
Je nach Platzierung wird den preisgekrönten Ausstellern eine Medaille in Gold, Silber oder Bronze überreicht. Ihre Vorderseite ist mit dem Porträt des regierenden Napoleon III. geschmückt. Die Darstellung auf der Rückseite der Medaille weist auf den Anlass ihrer Entstehung: Im Zentrum steht das gekrönte kaiserliche Wappen, ein umlaufendes Band nennt Titel und Ort der Ausstellung und ein umlaufender Kranz aus Wappen bezeichnet die zwanzig wichtigsten Teilnehmerländer der Pariser Exposition.

nem »Tempel des Friedens« spricht, der die Völker in Eintracht zusammenführt, so lenkt er nicht zuletzt damit von seinen eigenen Expansionsbestrebungen ab.

Insgesamt sind überwiegend zufriedene Stimmen von der Pariser Ausstellung zu vernehmen. Mit einem deutlichen Schwerpunkt auf der Luxusgüterindustrie und der Kunst unterscheidet sie sich klar von ihrer Vorgängerin. Aber wie bereits das britische Empire 1851 konzentriert sich eben auch Frankreich auf seine Stärken. Andererseits hat man aus den Fehlern gelernt: Bei der Prämiierung der Teilnehmer greift man auf das altbekannte System der goldenen, silbernen und bronzenen Medaille zurück. Allerdings kommt es zu einer wahren Flut von Auszeichnungen: Unterschieden in eine »Grande Médaille d'honneur« für besondere Verdienste und eine »Médaille d'honneur« werden 112 respektive 252 Goldmedaillen, 2.300 Silbermedaillen (»Médaille de 1er classe«), 3.900 Bronzemedaillen (»Médaille de 2ième classe«) und 4.000 Ehrenvolle Erwähnungen verliehen. Nicht berücksichtigt sind dabei die Auszeichnungen aus dem Bereich der Bildenden Kunst: Hier handelt es sich noch einmal um 16 große Ehren- bzw. 67 Ehrenmedaillen, 87 Medaillen Erster und 77 Medaillen Zweiter Klasse sowie 222 Ehrenvolle Erwähnungen. Als Berichterstatter der deutschen Staatsregierungen resümiert Georg von Viebahn im »Amtlichen Bericht«: »Es kam in Anregung, daß man besser gethan hätte, gar keine individuellen Preise in Aussicht zustellen, sondern nur den Entwicklungsgrad und die Verdienste der einzelnen Gewerbezweige in jedem Produktionsgebiet zu ermitteln und zu prämiiren. ... Was die Industrie-Ausstellung im ganzen betrifft so sind ... zusammen 10.564 Preise zuerkannt, so daß, auch wenn die einzelnen Ausstellern zuerkannten Doppelpreise (double emploi) und die Preise der Cooperateure abgerechnet werden, über ein Drittheil der ausstellenden Industriellen prämiirt sind.« Und wieder einmal scheiden sich an der Auslobung der Preise die Geister.

London 1862
»London International Exhibition on Industry and Art, 1862«

»Wenn an uns die Reihe, [wenn] die dritte Weltausstellung in Berlin oder Wien zu stande kommen wird, ist vielleicht auch unser Blick mehr nach außen gerichtet. Möge uns dann auch Gelegenheit gegeben werden, der Welt zu zeigen, um wie viel reicher wir sind, als wir in der hiesigen [i. e. Pariser, d. Verf.] Ausstellung zu sein scheinen.« Mit diesen Worten resümiert der deutsche Berichterstatter Georg Schirges seinen mehrmonatigen Paris-Aufenthalt im Jahr 1855. Der Wunsch, die Welt in den deutschsprachigen Raum einzuladen, sollte vorerst jedoch noch Zukunftsmusik bleiben.

Vielmehr stellt sich England ein zweites Mal der Herausforderung einer internationalen Ausstellung. Mit besten Erinnerungen an den Erfolg von 1851 überhört man jene Stimmen, die von diesem erneuten Vorhaben abraten. Andererseits sind die Organisatoren der »Great Exhibition« nahezu alle nach wie vor in Amt und Würden, und so macht man sich mutig ans Werk. London ist – realistisch betrachtet – zu jenem Zeitpunkt neben Paris auch die einzige Stadt, die das Potential zu einer derartigen Großveranstaltung besitzt, vor allem hinsichtlich des damit verbundenen Reise- und Verkehrsaufkommens. Die Vorbereitungen gehen zügig vonstatten. Der Baugrund ist schnell gefunden: mit Zustimmung von Prinzgemahl Albert wird eine Fläche auf jenem Areal in South Kensington auserwählt, das aus den 1851er Überschüssen erworbenen wurde. Mit der Auflage, einen dauerhaften Bau zu errichten, werden Pläne des Ingenieurs Francis Fowke (1823-1865) gebilligt. Diese bringen im Gegensatz zum Kristallpalast alles andere als etwas Aufsehenerregendes. Wie schon in Paris arbeitet auch Fowke mit massiven Außenwänden in historisierenden Formen. Monumentale Bogenstellungen sind durch Risalite und Pavillons untergliedert. Hinter den Fassaden verbergen sich verschiedene Flügel und Galerien (großenteils durch Glasdächer belichtet) und der in den 1850er Jahren angelegte Botanische Garten. Aus einer Eisen-Glas-Konstruktion bestehen die beiden seitlichen Kopfbauten mit ihren Kuppeln. Sie sind eigentlich die einzige Ingenieurleistung, auf die die Engländer stolz sein können, denn mit einem Durchmesser von 49 m sind sie sogar größer als die Kuppel des Petersdoms in Rom. Das Lob der Zeitgenossen bleibt jedoch aus. Vielmehr gibt der Bau Anlass zu viel Spott und Empörung, nachzulesen in den zeitgenössischen Pressestimmen, die von einer »scheußlichen Hütte«, einer »kolossalen Wärmehaube« (dish cover), einem »unförmigen Haufen«, auf jeden Fall aber von einer »nationalen Schande« sprechen. Außergewöhnlich bleibt unter dem Strich nur die monströse Größe des Gebäudes: Mit seiner überbauten Grundfläche von rund 125.000 m² übertrifft es alles Bisherige.

Der Bauablauf, ja die gesamten Vorbereitungen der Ausstellung werden überschattet von dem plötzlichen Tod des Prinzgemahls. Mit Albert von Sachsen-Coburg-Gotha verliert das Projekt Weltausstellung einen seiner wichtigsten Initiatoren. Auch wenn sich Albert bei der zweiten Londoner Ausstellung bei weitem nicht mehr so engagiert hat wie 1851, gilt er doch als der große Mentor. Trotz des schweren ideellen Verlustes – an eine Verschiebung oder gar Absage der »International Exhibition« ist derart kurzfristig nicht mehr zu denken. Schließlich sind die Einladungen an die ausländischen Staatsoberhäupter längst versandt und auch die Bauarbeiten weit fortgeschritten. Allerdings steht das Vorhaben auch weiterhin unter keinem guten Stern. Aus organisatorischer Sicht läuft vieles fehl, es gibt Verzögerungen. Selbst die Eröffnungsveranstaltung ist schlecht vorbereitet. Die Presse wirft der zuständigen »Royal Commission« schließlich sogar »stümperhafte Unfähigkeit« vor. Der Eröffnung am 1. Mai 1862 bleibt dann das gesamte englische Königshaus fern. In tiefer Trauer um ihren Gemahl sieht sich Königin Victoria außerstande, daran teilzunehmen. Nicht zuletzt dadurch fehlen der Glanz, aber auch die Freude und Euphorie, die gerade diese Zeremonie elf Jahre zuvor ausgezeichnet haben.

Von den Schwierigkeiten beim Aufbau weiß Johann Caspar Beeg, zum dritten Mal als bayerischer »Commissär« zu einer Weltausstellung entsandt, ein Lied zu singen. In einem Brief an seine in Nürnberg verbliebene Frau schreibt er Anfang Mai 1862: »Da am 1. May eröffnet werden sollte, so hatte ich mich noch ungemein anzustrengen, um wenigstens mit der Hauptsache im Transsept fertig zu werden, und dies ist mir wirklich gelungen; ich könnte sagen, es wäre Alles dort vollendet gewesen, wenn mich nicht einige Aussteller aus Nürnberg und einer aus München durch Verzögerung ihrer Einsendung in ärgerliche Verlegenheit gebracht hätten. Ich darf wohl sagen, daß unsere Bayerische Ausstellung im Ganzen einen günstigen Eindruck macht. ... In der Maschinenhalle hatte ich noch nichts zu tun vermocht, weil an dem mir zugewiesenen Platz eine Eisenbahn durch eine Bresche in der Mauer in das Gebäude führt, was Alles erst in Ordnung zu bringen ist. ... Und im Musikalien- und Lederraum habe ich meinen nothwendigen Platz noch nicht zugewiesen erhalten können. Mit all diesen [Dingen] habe ich noch 12-14 Tage vollauf zu thun. Andere Staaten sind aber noch unverhältnißmäßig weiter zurück. ... Es ist Jedem zu rathen, der die Ausstellung besuchen will, nicht vor Mitte Juni zu kommen.«

»Immer größer, immer mehr, immer weiter« scheint die Devise für die zweite Londoner Weltausstellung zu sein. Die Vorgängerveranstaltung in Paris an Superlativen zu übertrumpfen, ist den Engländern selbstverständlich gelungen: das Ausstellungsgebäude ist größer, die Zahl der Aussteller ist sowohl im Bereich der Industrie (von den 26.336 Teilnehmern kommen 17.851 aus dem Ausland) als auch im Bereich der Kunst (2.305 Teilnehmer) umfangreicher, die Besucherzahlen sind höher (mit 6.211.103 übertreffen sie nicht nur Paris 1855, sondern auch London 1851). Bei derartigen Zahlen wird das Angebot für den Besucher allerdings immer verwirrender. Komplett ansehen kann er sich die Ausstellung schon lange nicht mehr! Wie wir dem Bericht Beegs entnehmen können, wird es ihm jedoch insofern erleichtert, als die Aufstellung der industriellen Produkte – zumindest teilweise – entsprechend der nunmehr 36 Klassen erfolgt. Die über 6.500 Werke der Abteilung Kunst werden zudem in einem separaten Flügel präsentiert.

Neu ist überdies, dass die Auslobung der Preise bereits im Sommer des Jahres abgeschlossen ist. Im Vorfeld der Ausstellung hat die englische Kommission Johann Caspar Beeg den Juryvorsitz der »Classe XXX« übertragen, was eine große Auszeichnung für den Nürnberger »Gewerbs-Commissär« bedeutet. Als Präsident des Preisgerichts für »Hausgeräth und Tapezierer-Arbeiten, einschließlich Papiertapeten und Papier-Maché« berichtet er ausführlich über seine Arbeit. Die am 11. Juli 1862 vor großem Publikum stattfindende Preisverleihung beschreibt er in einem Brief an seine Frau mit den Worten: »Ich wollte, Du hättest Zeuge der gestrigen Feierlichkeit sein können; sie war großartig; anfangs kam mir die Geschichte windig und lächerlich vor; während des Vorganges aber gewann sie einen so imponirenden Eindruck, daß ich mich gehoben und stolz fühlte, Theilnehmer zu sein. Die Jury versammelte sich um 12 Uhr in einem Gange des Gebäudes; die 36 Klassen, jede mit einem Sapeur voran, welcher eine

16 Hauptgebäude der Londoner Weltausstellung 1862
In architektonischer Hinsicht längst nicht mehr so innovativ wie bei der »Great Exhibition« zeigt man sich auf der zweiten Londoner Weltausstellung. Mit der Maßgabe, einen dauerhaften Bau zu errichten, greift man zu einer historisierenden Formensprache. Massive Palastfassaden verbergen die Glas-Eisen-Konstruktion des Inneren.

blauseidene Standarte mit der goldenen Klassennummer trug, setzte sich als Prozession in Bewegung. ... So maschirten wir, eine Musikbande voran, durch die Gänge, die auf beiden Seiten mit Damen besetzt waren, ... hinaus in den prächtigen horticultural garden. Da war ein Springbrunnen, von einer sehr hohen Tribüne überbaut; auf dieser stand ein Thron unter einem prachtvollen Baldachin. ... Wir stiegen nun nacheinander die hohen Stufen hinan und jeder Chairman überreichte für seine Klasse dem Earl of Grandville das Preisebuch. So auch ich. Dann setzte sich, nachdem dies vorüber war, die Gesellschaft auf der Tribüne in Bewegung, zog an uns vorüber, um sich an unsere Spitze zu stellen, und nun bewegte sich der Zug unter Beifallruf der großen Zuschauermenge in das Gebäude zurück. Dort standen nun die Landescommissäre in ihren Abtheilungen, und jeder empfing dann aus der Hand des Herzogs von Cambridge oder eines speciell hierzu ernannten Commissärs seines Landes das Preisebuch. Ich drückte mich zur rechten Zeit vom Zug ab, eilte auf dem nächsten Weg zur Zollvereinsabtheilung und stellte mich dort neben den preußischen Commissär, um in meiner Haupteigenschaft zu fungiren. Mir überbrachte der bayerische Gesandte, Herr v. Cetto, das Buch. Dann wartete ich, bis im Zuge meine Juryklasse herbeikam und machte die Prozession durch die Damengasse gar mit, in den Garten hinaus zur Tribüne, wo sich der Zug auflöste.«
Mit dem Ergebnis der Auslobung ist Beeg in seiner Funktion als bayerischer Kommissar äußerst zufrieden: Die 128 von ihm betreu-

17 Erinnerungsmedaille der Londoner Weltausstellung, 1862. Jacques Wiener, Brüssel
Beidseitig zeigt die Erinnerungsmedaille Details vom Londoner Industriepalast. Auf der Vorderseite ist eine der beiden Kuppeln abgebildet, auf der Rückseite ein Blick in das Innere des Gebäudes. Der Entwurf stammt von dem belgische Medailleur Jacques Wiener, der als Spezialist für Architekturdarstellungen gilt. Wie eine Aufschrift belegt, wurde die Medaille in der Ausstellung selbst geprägt und zwar von Heinrich Uhlhorn aus Grevenbroich.

ten Aussteller erhalten 67 Medaillen und knapp 40 Ehrenvolle Erwähnungen. Insgesamt gesehen verteilen sich die Auszeichnungen allerdings nicht in diesem überproportionalen Verhältnis, sondern mit 7.000 Medaillen und 5.300 Ehrenvollen Erwähnungen werden knapp die Hälfte der Aussteller ausgezeichnet. Unzufriedene Stimmen, zum Beispiel über eine zu große Anzahl an Ehrungen, gibt es auch jetzt, doch herrscht immerhin allgemeiner Konsens über das Prämierungssystem. Mit nur einer Preismedaille und – abgestuft dazu – einer Ehrenvollen Erwähnung entzieht man sich zumindest dem Dilemma von 1851, denn den Kommissaren und den Preisrichtern wird als Dank für ihre Tätigkeit nun eine offizielle Erinnerungsmedaille überreicht. Auf die Bekanntgabe der Preisträger reagiert man unverzüglich. So sind beispielsweise in der zweiten Auflage vom »Special-Catalog der gewerblichen Ausstellung des Zollvereins«, der noch während der Ausstellung erscheint, die entsprechenden Prämiierungen bereits vermerkt. Noch bemerkenswerter scheint allerdings zu sein, dass dem Buch sogenannte »Reductions-Tabellen zur Berechnung des Geldes, der Gewichte und Maasse« angefügt sind. Sie sollen es dem Ausstellungsbesucher erleichtern, deutsche, englische und französische Maßeinheiten zueinander ins Verhältnis zu setzen.

Die zeitgenössischen Beurteilungen der »International Exhibition« fallen unterschiedlich aus. Einerseits wird der Industrie ein entschiedener Fortschritt bescheinigt, was möglicherweise auf eine verbesserte Auswahl der eingesandten Waren zurückgeht. Andererseits fehlen dem Amtlichen Bericht zufolge »neue, epochemachende Erfindungen«. Vielfach handelt es sich bei den ausgestellten Maschinen und Geräten lediglich um verbesserte Ausführungen von bereits Bekanntem. Stärker als früher wird daher versucht, dem breiten Publikum die Technik anschaulich, ja schmackhaft zu machen. Man spekuliert auf einen neuen Absatzmarkt, denn die kostengünstige Massenproduktion ermöglicht, dass technische Erfindungen jetzt in nahezu jedem Haushalt Einzug halten. Bestes Beispiel ist die Nähmaschine, die 1862 zwar nicht zum ersten Mal, dafür aber in diversen Modellen angeboten wird. Bei einer so unmittelbaren Ansprache dürfte es spätestens zu diesem Zeitpunkt jedem klar werden: Fortschritt ist gleichzusetzen mit technischem Fortschritt!

Eine Neuerung im Ausstellungsangebot sollte allerdings nicht ungenannt bleiben: das verstärkte Interesse an der Kultur des Orients.

18 Preismedaille der Londoner Weltausstellung, 1862. Leonard Charles Wyon, London
Die Vorderseite der Medaille ist ungewöhnlicherweise mit der Darstellung der Preisverleihung geschmückt und nicht wie sonst üblich mit dem Porträt eines Regenten. Sechs weibliche Gestalten in zeitgenössischen Gewändern, allesamt Allegorien der ausstellenden Gewerke, scharen sich um den Thron der »Britannia«, die mit Löwe und Schild als solche gekennzeichnet ist. Der Name des Prämierten, hier »E. DIEZ. CLASS II« (chemischen und pharmazeutische Erzeugnisse), ist in den Rand eingraviert.

Dass erstmals eine größere Anzahl chinesischer Exponate gezeigt wird, geht allerdings ebenso auf die kriegerische Expansionspolitik Englands zurück wie die Präsentation von indischen Waren. Hinter dem, was heute mit dem provokativen Stichwort »Beutekunst« belegt wird, verbergen sich unfreiwillige Exporte aus den genannten Ländern: zahlreiche chinesische Paläste wurden durch britische Militärs im China-Krieg (1856-1858) geplündert, und nach der Auflösung der Ostindischen Kompanie wird die Macht in Indien von einem britischen Vizekönig übernommen (1858).

Trotz verschiedener Errungenschaften verzeichnet die Ausstellung als Ganzes keinen rechten Erfolg. Selbst die finanzielle Bilanz ist nicht besonders zufriedenstellend. Bei einem Plus von wenigen hundert englischen Pfund schließt man aber zumindest nicht mit einem Defizit ab. Das englische Königreich und die Initiatoren der »Weltmesse« ziehen daraus Konsequenzen: Auf eine Welt- bzw. Universalausstellung werden sich die Engländer in der Zukunft nicht wieder einlassen. Man erklärt, es sei nützlicher und weniger umständlich, statt einer Präsentation der Gesamtindustrie nunmehr Spezialausstellungen, also Fachmessen auszurichten.

Paris 1867
»Exposition universelle de Paris, 1867«

Mit dem Ausstieg Londons fällt das Ausstellungswesen im ganz großen Stil bis zur Jahrhundertwende im wesentlichen Paris zu. Nach Beendigung der Kriege auf der Krim, in China und in Italien befindet sich Kaiser Napoleon III. auf der Höhe seiner Macht und ergreift erneut die Chance, eine Weltausstellung zur Demonstration seines Herrschaftsanspruchs in Europa zu nutzen. Einer umfangreichen ausländischen Beteiligung ist er sich sicher – Bündnisse und gemeinsame Interessen verbinden ihn mit einer Vielzahl anderer Staaten.

Bislang hat jede Weltausstellung die vorhergehende überflügelt, doch Napoleon will mehr. Er will einen Triumph für Frankreich – und natürlich für sich selbst! Die Ausstellung soll mehr sein als nur ein Leistungsvergleich der Nationen auf industriellem, gewerblichem und künstlerischem Gebiet. Man will vielmehr in einer Art Bestandsaufnahme all das zeigen, was die Menschheit bisher erreicht hat. In dem Versuch, jeglichen Zweig menschlicher Aktivität zu klassifizieren und zu organisieren, knüpft die Ausstellung unmittelbar an die Bemühungen jener französischen Enzyklopädisten an, die – wie Denis Diderot (1713-1784) und Jean Le Rond d'Alembert (1717-1783) im 18. Jahrhundert – das gesamte Wissen der Welt zusammentragen. Es ist Frédéric Le Play (1806-1882), der aufgrund seiner Verdienste als Generalkommissar der Pariser und Delegationsleiter der Londoner Ausstellung von Napoleon mit der Durchführung der vierten Weltausstellung beauftragt wird. Ihm wird weitgehend freie Hand gelassen, und so kann er nach seinen eigenen Vorstellungen planen. Das Ergebnis ist beispiellos! Le Play entwickelt ein Klassifikationssystem, das die Ausstellungsstücke in zweierlei Hinsicht einordnet: nach Ländern und nach Warengruppen. Gemeinsam mit dem Ingenieur Jean-Baptiste Krantz (*1817), dem u. a. der noch junge Alexandre Gustave Eiffel (1832-1923) zur Seite steht, »übersetzt« Le Play seine Ideen in einen Bauplan. Auch dies ist ungewöhnlich, denn erstmals wird die Architektur als etwas rein Funktionales angesehen und ordnet sich der neuartigen, streng rationalen Ausstellungsstruktur unter. Da es sich bei den letzten Ausstellungen als Nachteil erwiesen hat, Emporen und Galerien mit in die Präsentation einzubeziehen – es »verirrten« sich zu wenige Besucher hierher –, soll das Gebäude nur eine Ebene besitzen. Ein entsprechend großes Areal bietet lediglich das Marsfeld, der Aufmarschplatz des französischen Militärs. Dieses Karrée wird für die Zeit der Weltausstellung vom Kriegsministerium zu Verfügung gestellt. Auflage ist der Abriss aller Baulichkeiten vor der Rückgabe des Geländes, was u. a. zu einem Verkauf sämtlicher Baumaterialien nach Ausstellungsende führt – öffentlich bekannt gegeben im »Moniteur universel«. Doch zunächst muss das gesamte Gelände erst einmal »von Manneskraft« eingeebnet werden, damit überhaupt ein Fundament errichtet werden kann.

Der von Le Play konzipierte Bau ist nicht nur für die Zeitgenossen verblüffend: Einer modernen Arena gleich gruppieren sich auf ovalem Grundriss konzentrisch acht ringför-

19 Hauptgebäude der Pariser Weltausstellung 1867
Die Grundfläche dieses »modernen Kolosseums« beträgt 150.000 m². Das Konzept von Frédéric Le Play, Generalsekretär der Ausstellung, sieht umlaufende Galerien vor, denen jeweils ein Industriezweig zugeordnet wird. Radialgänge teilen das Oval zusätzlich in Sektoren auf, um auf diesem Wege den Überblick über die Exponate eines jeden Landes zu ermöglichen.

DER PARISER AUSSTELLUNGS-PALAST VON 1867.

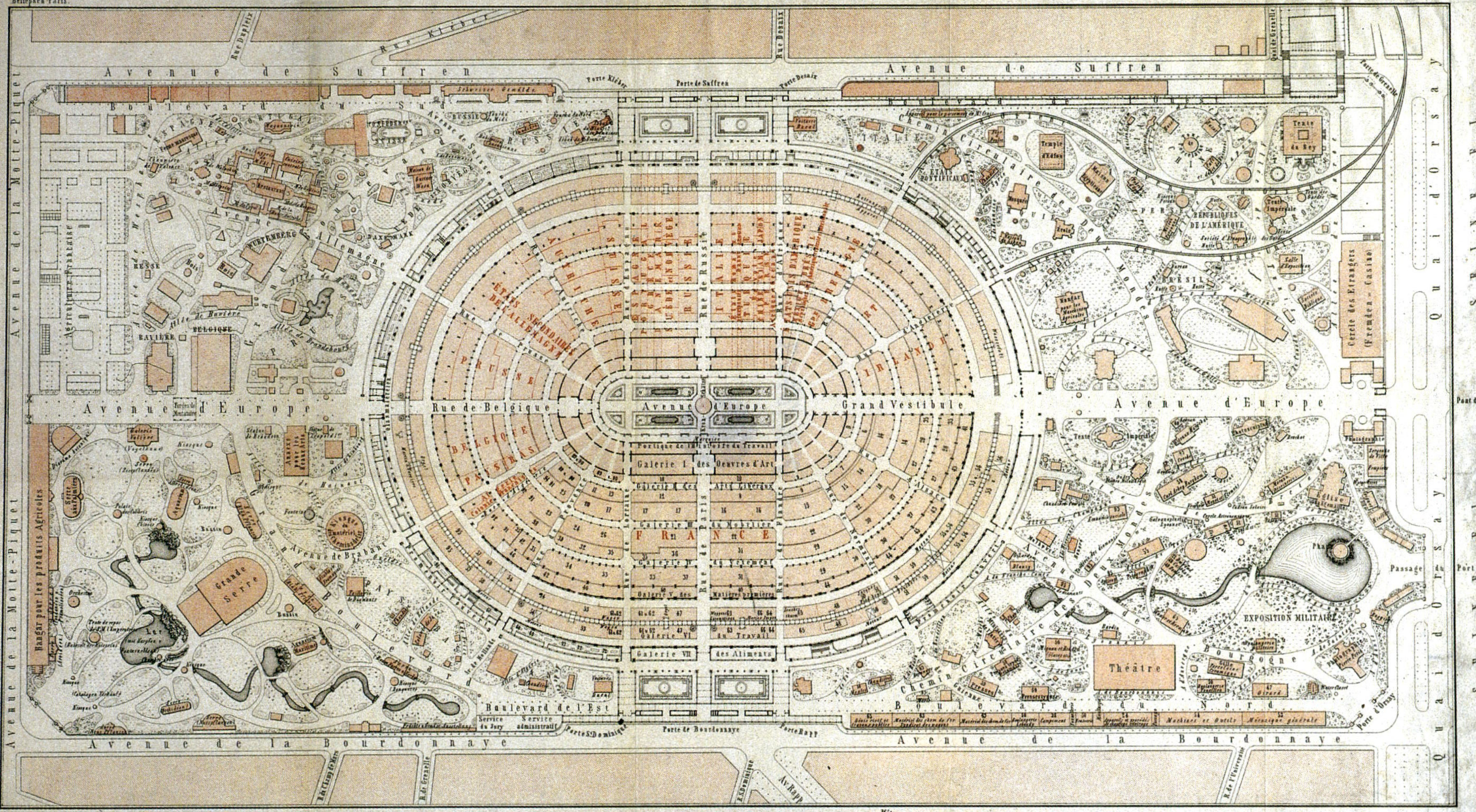

Bibliographisches Institut in Hildburghausen.

Berlepsch Paris.

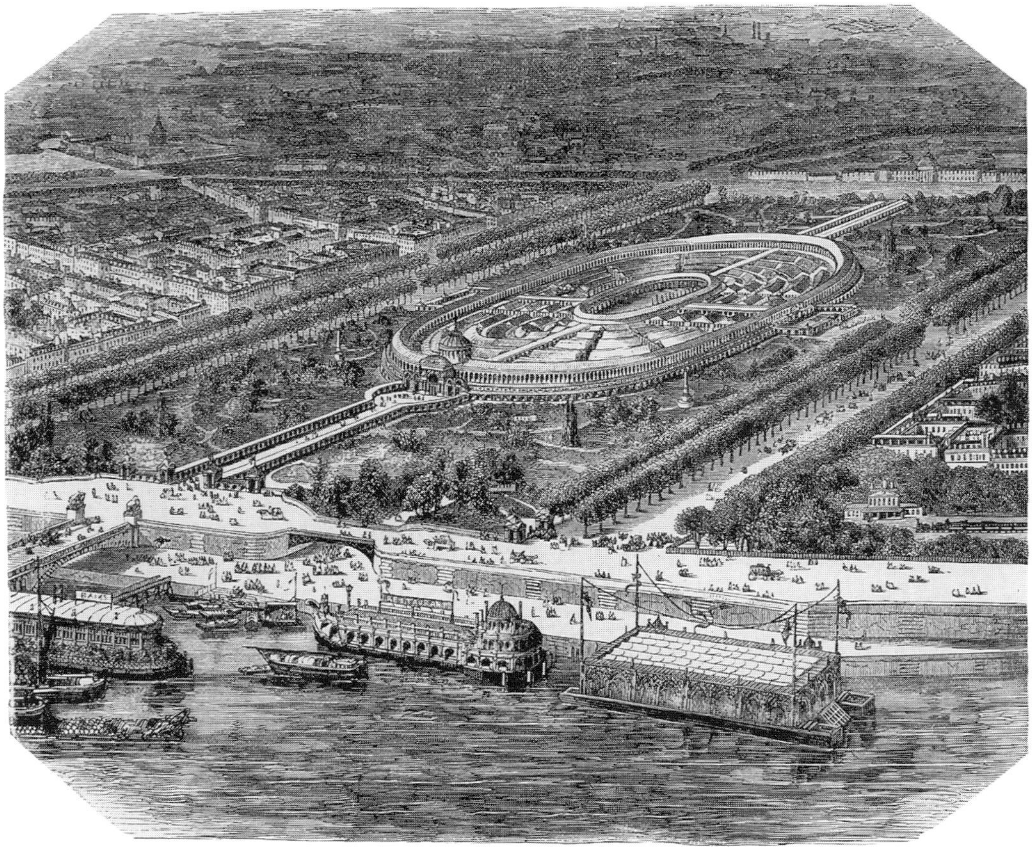

20 Das Pariser Marsfeld während der Weltausstellung 1867
Der Industriepalast von Le Play reicht trotz aller Vorplanungen nicht für die eingelieferten Exponate aus. Auf dem Marsfeld entstehen zusätzliche Pavillons der teilnehmenden Nationen, aber auch einzelner Aussteller. Dieses bis zum Seine-Ufer sich erstreckende Areal bietet dem Besucher ein buntes Sammelsurium ganz unterschiedlicher Gebäude, da die Ausstellungsleitung auf Auflagen baulicher Art verzichtet.

mige Hallen um einen offenen Innenhof, den 5.000 m^2 großen »Jardin central«. Miteinander verbunden sind die unterschiedlich breiten und hohen Hallenringe durch radial angeordnete »Straßen«. Durch sie entstehen tortenstückähnliche Sektoren, die von den einzelnen Ländern bestückt werden. Andererseits wird jedem Ring, auch Galerie genannt, eine bestimmte Ausstellungsgruppe zugeordnet, so dass der Besucher beim Durchwandern eine Übersicht über alle Produkte gleicher Kategorie bekommt. Von außen nach innen findet er die Sektion Nahrungsmittel bzw. Restaurants (Galerie des aliments, Gruppe VII), die Maschinen (Galerie des machines, Gruppe VI), die Rohstoffe (Galerie des matières premières, Gruppe V), die Bekleidung (Galerie des vêtements, Gruppe IV), die Möbel (Galerie des mobiliers, Gruppe III), das Kunsthandwerk (Galerie des arts libéraux, Gruppe II), die Bildenden Künste (Galerie des Beaux-Arts, Gruppe I) und – nicht als Gruppe, sondern als ein separater Themen-

21 Erinnerungsmedaille der Pariser Weltausstellung, 1867. Maurice Borrel, Paris
Wie schon bei den vorangegangenen Weltausstellungen üblich werden vor den Augen des Publikums Erinnerungsmedaillen geprägt und zum Kauf angeboten. 1867 gibt es zwei Varianten: Rückseitig zeigen beide den zum Fluss gelegenen Eingang des Hauptgebäudes. Auf der Vorderseite ist entweder Kaiser Napoleon III. abgebildet oder aber – wie auf dem abgebildeten Exemplar – Königin Isabella II. von Spanien. Zu erklären ist Letzteres mit der Entwicklung der Münzpresse durch einen spanischen Konstrukteur.

komplex – die Geschichte der Arbeit (Galerie de l'histoire du travail). Die nach dem Klassifikationssystem noch fehlenden Gruppen VIII (Landwirtschaft) und IX (Gartenbau) werden ausgelagert. Die Gruppe X mit »Gegenstände[n], welche besonders ausgestellt sind, um die physische und moralische Lage der Völker zu verbessern«, sind in einem separaten Sektor des 390 x 490 m messenden Ausstellungsgebäudes untergebracht. Das beschriebene Ordnungssystem ist gleichsam eine Kombination aus der tradierten Aufstellung nach Nationen und der Einteilung nach Gruppen und Klassen, wie sie seit 1851 den »Amtlichen Katalogen« zugrunde liegt. Beim Aufbau der Ausstellung ist dann aber schnell zu erkennen, dass die Le Play'sche Idee mit der Realität nicht ganz konform gehen kann. Der Denkfehler liegt darin, dass jedem Land für jede Produktgruppe gleich viel Raum zugemessen wird – man also davon ausgeht, dass sich alle Länder auf der gleichen Entwicklungsstufe befinden. Die einzelnen Nationen haben jedoch unterschiedliche Präsentationsschwerpunkte. So können beispielsweise landwirtschaftlich orientierte Nationen wie Griechenland die Maschinenhalle nur unzureichend füllen, und ein Land wie die USA präsentiert zwar ein großes Aufgebot an Industriemaschinen, ist aber im Bereich des Kunsthandwerks nicht so gut bestückt.

Von weitem gleicht das Bauwerk einem riesigen Kolosseum, an dessen Außenseite sich – Verkaufsbuden an mittelalterlichen Kirchen gleichend – ein Kranz von internationalen Spezialitätenrestaurants schmiegt. Die am höchsten aufragende Galerie, die Maschinenhalle, prägt mit ihren großen, rundbogigen Fensterstellungen den Gesamteindruck. Man verzichtet auf eine Außenverblendung, so dass Kritiker vom »Fehlen« einer Fassade sprechen. Lediglich der Eingang zur Seine-Seite, gegenüber der Jena-Brücke, wird durch drei monumentale Bögen betont. Durch sie betritt man das wappen- und fahnengeschmückte Vestibül und die Haupthalle, die als breite Achse mitten durch das Gebäude bis zum Garten führt. »Sie ist sehr grandios und versöhnt uns beinahe mit den oben gerügten Mängeln. Man denke sich ein großes Kirchenschiff ..., dessen Wände, die um dreißig bis vierzig Fuß das allgemeine Dach des Gebäudes überragen, oben rechts und links fast ganz ausschließlich aus herrlichen Glasmalereien gebildet (es ist die Ausstellung für gemalte Kirchenfenster) und den Raum nach unten mit den schönsten, reichsten und manig-

22 »Château d'eau« auf der Weltausstellung 1867
Eine der Attraktionen in der Maschinengalerie, die die größte der ringförmig angeordneten Hallen einnimmt, ist ein künstlicher Wasserfall. Neu entwickelte hydraulische Anlagen ermöglichen dieses Schauspiel ebenso wie auch den Betrieb der neuartigen »Menschenhebemaschine«, einem Vorläufer unserer heutigen Aufzüge.

faltigsten Gegenständen der beiden Hauptländer, Frankreichs und Englands, geschmückt. ... Man wird uns einräumen, dass der ›Gasometer‹, wenigstens von dieser Seite gesehen, sich so gar übel nicht ausnimmt und am Ende wohl einen besseren, schöner klingenden Namen verdient« berichtet Adolf Ebeling 1867 aus Paris.

Im Hinblick auf die Ingenieurleistung werden neue Maßstäbe gesetzt. Wie schon der Londoner Kristallpalast ist der Bau weitestgehend aus Metall und Glas errichtet. Neben dem bekannten Gusseisen verwendet Krantz aber auch Stahl in großen Mengen, etwa für die Grundkonstruktion der Ausstellungshalle. Im Gegensatz zu Baugliedern aus Gusseisen, die in einem Stück hergestellt werden müssen – und somit schwer und unhandlich sind – können Konstruktionsteile aus Stahl an fast jeder beliebigen Stelle durch Nieten miteinander verbunden werden. Das hat den Vorteil, dass bereits in den Werkstätten der Baufirmen einzelne Werkstücke zu transportablen Bauteilen zusammengesetzt werden können, die gleichzeitig den noch beschränkt leistungsfähigen Hebeverfahren angepasst sind. Der Zeitgewinn auf der Baustelle ist hierdurch sogar größer als erwartet: nach nur sechs Monaten steht die Stahlkonstruktion für das Ausstellungsgebäude auf dem Pariser Marsfeld. Mit einer Bauzeit von insgesamt 13 Monaten wird hier unwesentlich länger gearbeitet als seinerzeit an dem etwa halb so großen Kristallpalast. Für die Zeitgenossen ungewohnt ist jedoch die durch den Stahlbau bedingte Ästhetik. Der notwendige Verzicht auf Ornamentik – Dekorationen können lediglich in Gusseisen geformt und anschließend aufgenietet werden – lässt das Gebäude in ihren Augen »unfertig« erscheinen.

Noch in einer anderen Hinsicht wird diese Weltausstellung wegweisend für alle Nachfolgeveranstaltungen: mit den bis in die Nacht geöffneten Restaurants und Cafés, den Abendveranstaltungen und Belustigungen aller Art spielt nun der Aspekt der vergnüglichen Unterhaltung eine zunehmend wichtige Rolle. Die Ausstellung bekommt hierdurch ein neues Gepräge. »Sie sollte nicht nur der Mittelpunkt der Belehrung und des friedlichen Wettstreites, sondern auch der Mittelpunkt der Weltlust sein«, betont rückblickend Julius Lessing (1843-1908), Kunsthistoriker und Begründer des Berliner Kunstgewerbemuseums. Kritiker wie beispielsweise der Staatswissenschaftler Julius Basch sehen in der Abwendung von der »reinen« Ausstellung dagegen lediglich »Lock- und Reizmittel, die den Besuch fördern und die Einnahmen steigern sollten. ... Gegen Ende derselben war sie [die ›Exposition universelle‹, d. Verf.] in optima forma zu einer Folioausgabe des Weihnachtsmarktes zu Plunderweiler geworden« – eine Aussage, die – bei aller Berechtigung der jüngsten Expos – auch heutzutage nicht ganz von der Hand zu weisen ist.

Eine Auszeichnung bzw. Ehrung der Aussteller stellt man 1867 wegen grundsätzlicher Bedenken zunächst ganz in Frage. Man einigt sich dann allerdings doch auf ein Prämiierungssystem. Es staffelt die Auszeichnungen wie gehabt in »Große Preise« (Geldprämie plus Medaille), Gold-, Silber- und Bronzemedaillen bzw. »Ehrenvolle Erwähnungen« (in Form eines schriftlichen Diploms). In der Gruppe der Bildenden Kunst ist die Aufgliederung entsprechend, doch werden anstelle der Medaillen Geldpreise überreicht. Die Mitglieder der Jury erhalten – nachträglich – Erinnerungsmedaillen. Bereits am 1. Juli 1867 findet die offizielle Preisverleihung statt. Nach heftigen Beschwerden folgt ihr allerdings zu Beginn des Jahres 1868 noch eine zweite, in der die bis dato »übergangenen« Aussteller berücksichtigt werden. Die Bewegtheit, die Julius Lessing als junger Mann bei der Zeremonie empfindet, spricht für sich – auch wenn, oder gerade weil, diese Eindrücke noch im 30jährigen Rückblick ungebrochen scheinen: »Ein Glanzpunkt des Ganzen war die Preisvertheilung, für welche man das Palais de l'Industrie als Festhalle hergerichtet hatte. Man darf ohne Uebertreibung behaupten, dass es wohl das glänzendste Fest war, das jemals der Menschheit in einem geschlossenen Raume geboten wurde, und das nur durch die Feste unter freiem Himmel zur Zeit des alten Roms, auf dem Forum und im Colosseum übertroffen sein mochte. Aber hier war eine geschlossene Halle, welche 17.000 Gästen und dazu noch 2.000 Sängern und Musikanten und sonstigen Bediensteten Platz bot. Das Ganze war in ein riesiges Amphitheater verwandelt, dessen Stufen trotzdem höchstens ein Drittel der mächtigen Halle erreichten. Alles ausgeschlagen mit rothem Sammet und angefüllt mit einer geschmückten, jauchzenden Menge. Unten in der langen Arena die Trophäen der Arbeit, zehn Gruppen, in denen die meisten dekorativen Erzeugnisse mit Palmen und Blumen zu phantastischen Aufbauten vereinigt waren, dann in der Mitte der Langseite der Thronhimmel des Kaisers, der sich in purpurnen Faltenmassen emporschwang, auf der einen Langseite die Sänger- und Musikchöre, bei deren Aufführung jedes Solo mit 20 Stimmen besetzt war, auf der anderen Seite die breite Freitreppe, über welche in feierlichen Zügen mit Herolden und Standarten die Aussteller heranzogen, die mit Preisen bedacht waren und der ganze Himmel des Gewölbes angefüllt mit schwirrenden Seidenfahnen aller Farben aller Länder. Und wie der Zug der Dekorirten von oben herabstieg in diese brau-

23 »Krupp'sche Riesenkanone« auf der Pariser Universalausstellung 1867
Schon auf der ersten Weltausstellung in London 1851 stellte Friedrich Krupp aus Essen eine Kanone aus. Mit großer Regelmäßigkeit nimmt die Firma an sämtlichen Folgeveranstaltungen teil, zumindest sofern Deutschland zu den Ausstellerländern zählt. Jedes Mal präsentiert Krupp ein umfangreiches Angebot seiner Produkte, das weit mehr als nur Kanonen umfasst. Eine Preismedaille erlangt er fast immer, so auch 1867 in Paris.

24 Preismedaille der Pariser Weltausstellung, 1867. Hubert Ponscarme, Paris
Die Preismedaille von 1867 ist die einzige ihrer Art, die auf der Rückseite keine allegorische oder historische Darstellung besitzt. Zugunsten einer deutlich erhöhten Auflage entscheidet man sich nicht nur zu einer Verkleinerung des ursprünglichen Entwurfes mit dem Porträt Napoleons III., sondern reduziert zudem die Rückseite auf reine Schriftgestaltung. Mittig zeigt die in Gold, Silber und Bronze ausgeführten Medaille den Name des jeweiligen Preisträgers.

sende, wogende, strahlende Halle hinein, heran zum Throne des Kaisers, der umgeben war von einem Gefolge von nahezu 100 fürstlichen Personen aus allen Ländern Europas: das waren Augenblicke eines Festesrausches, die auch den Kühlsten in Begeisterung versetzten. Und der Kaiser, welcher mitten inne stand mit seinem süßen, etwas weichlichen Lächeln, der hochbeneidete Triumphator dieser Stunde: in derselben Stunde hat er den Todesstoß empfangen.« Denn genau in dem Moment, in dem Napoleons größte Wünsche in Erfüllung gehen, beginnt sein Niedergang und damit auch der des französischen Kaisertums. Er kündigt sich an in der Erschießung des mexikanischen Kaisers Maximilian (1832-1867), der 1863 die Kaiserkrone auf Betreiben und mit Unterstützung des Franzosen übernahm, und gipfelt 1870 in der Gefangennahme Napoleons III. durch das preußische Heer (Kapitulation bei Sedan) und seinem Gang ins englische Exil.

Mit der Verleihung von über 19.200 Preisen im Bereich von Industrie und Landwirtschaft und noch einmal 139 im Bereich der Kunst ist die »Weltausstellung der Superlative« aber längst noch nicht abgeschlossen. Vom Tag ihrer wenig spektakulären Eröffnung am 1. April 1867 bis zu ihrem Ende am 3. November desselben Jahres kommen fast 7 Millionen Besucher (andere Quellen nennen gar 15 Millionen), um die Exponate von mehr als 52.000 Ausstellern zu sehen, was sich dann auch am Schluss in einer positiven Bilanz von 3 Millionen Francs an Einnahmen niederschlägt. Besonderer Anziehungspunkt ist – wieder einmal – die Maschinengalerie. Mit 35 m Breite und knapp 26 m Höhe bis zum Bogenscheitel des Daches bietet sie den meisten Raum. In ihrer Mittelachse verläuft ein auf etwa 5 m hohen Stützen gelagerter Umgang (»Plate-forme centrale«), der zwei Hauptaufgaben dient: Zum einen ermöglicht er dem Besucher einen bequemen Überblick über die zum Teil riesenhaften Anlagen, zum anderen dient er als Träger der sogenannten Transmissionswelle, von der aus die Maschinen mittels Riemen angetrieben werden. Mit zu den Hauptattraktionen zählen aber zweifellos die erstmals gezeigten hydraulischen Aufzüge. Mit ihnen können »wagemutige« Besucher bis auf das Hallendach fahren, um von hier einen Ausblick auf das umliegende Parkgelände und das Pariser Häusermeer zu genießen. Da es trotz der gigantischen Ausmaße des Hauptgebäudes (150.000 m²) an Raum mangelt, wird die unmittelbare Umge-

25 Pavillon von »MM. Frainais et Gramagnac« auf der Weltausstellung 1867
Firmenpavillons wie der abgebildete stehen in großer Zahl auf dem von Bäumen und Wiesen bewachsenen Marsfeld. Durch sie erhoffen sich die Aussteller einen besonders guten Absatz ihrer Waren. Im Hintergrund der Abbildung erkennt man den vielgerühmten englischen Leuchtturm. Mit seinen 45 m Höhe wird er zu einem markanten Orientierungspunkt auf dem Weltausstellungsgelände.

bung des Industriepalastes bis zum Seine-Ufer in die Ausstellung mit einbezogen. Auf diesem Areal können sich je nach Wunsch die einzelnen Nationen noch einmal präsentieren, ohne dass besondere Auflagen gemacht werden. So entsteht eine bunte Phantasielandschaft mit einer vielfältigen, zumeist landestypischen Architektur: Eine holländische Windmühle steht neben einem indischen Tempel, ein englischer Leuchtturm neben einem amerikanischen Schulgebäude, orientalische Moscheen und Minarette neben einem russischen Dorf, eine französische Kathedrale neben einem ägyptischen Café. Diese nationalen Einzelgebäude legen im Grunde genommen den Grundstein für die bis heute geltende Tradition der Länderpavillons, wie sie zuletzt in großer Vielfalt auf der EXPO 2000 in Hannover zu bewundern waren.

Lediglich auf zwei Themenbereiche soll explizit hingewiesen werden. Mit einer Übersicht über das Kunsthandwerk früherer Zeiten zeigt die Sonderausstellung »Geschichte der Arbeit« die Grundlagen, auf der sich die Kunstindustrie des 19. Jahrhunderts entwickelt hat. Allerdings ist Frankreich das einzige Land, welches planmäßig und systematisch seine gesamten kunstgewerblichen Leistungen aus sämtlichen Epochen der Vergangenheit zusammengestellt hat, beginnend mit Altertümern der gallischen und römischen Zeit bis hin zu Werken des 17. Jahrhunderts. Kein Wunder also, dass Julius Lessing die Präsentation als »Ausstellung alter Kunstwerke« und nicht als »Geschichte der Arbeit« interpretiert. In der Kunstausstellung gibt es übrigens auch dieses Mal einen ähnlichen Eklat wie 1855. Als skandalös wird Manets »Frühstück im Freien«

(1863) abgelehnt, auf dem eine nackte Dame mit zwei vornehm gekleideten Herren im Gras sitzt. Wie seinerzeit Gustave Courbet zieht es Edouard Manet (1832-1883) daraufhin vor, seine Werke außerhalb des Weltausstellungsgeländes zu zeigen.

Nicht direkt zum Programm der Weltausstellung zählend, doch eng mit ihr in Zusammenhang stehen die vierzehn Kongresse, die während ihrer Laufzeit stattfinden. Sie sind ein Beleg dafür, dass man die Zeichen der Zeit erkennt und die internationale Anziehungskraft der Veranstaltung nutzt. Schon seit der »Great Exhibition« im Jahre 1851 hat man mit den Schwierigkeiten unterschiedlicher Maßeinheiten, Gewichte u. ä. gekämpft. 1867 beschäftigen sich gleich mehrere Veranstaltungen mit deren Standardisierung (u. a. wird diesem Thema auch ein Pavillon im »Jardin central« gewidmet), bevor schließlich 1875 als unmittelbare Folge das »Internationale Büro für Maße und Gewichte« in Paris ins Leben gerufen wird.

Eine zeitgenössische Beschreibung all dessen, was auf der »Exposition universelle« zu sehen ist, sei abschließend zitiert: »Mit dem industriellen, agricolaren und artistischen wollte man zuerst das sociale, dann das hygienische, endlich das ethnographische Element verbinden. Nicht bloss, was man arbeitet, sondern auch, wie man für die Arbeiter sorgt, welche Mittel man auf und ausser dem Schlachtfelde für Heilung und Verband anwendet, wie man sich in den verschiedenen Ländern kleidet, wie man sich amusirt, die Kinder erzieht, wohnt, isst, reitet und schläft, solle gezeigt werden. Man wollte eine Ausstellung der ganzen menschlichen Tätigkeit, der menschlichen Lebensweise, schaffen.« Zu bewundern sind ferner all jene Neuerungen, die Paris in den Jahren des Seconde Empire grundlegend verändert haben. Nach den Plänen des Präfekten George Eugène Haussmann (1809-1891) ist eine moderne Metropole mit zahllosen Neubauten, breiten Boulevards, zusätzlichen Brücken und einer konsequenten Infrastruktur (Kanalisation, Trinkwasserversorgung, Einführung der Steinkohlenfeuerung) entstanden – allein dies ist schon sehenswert, da einmalig in Europa. Für die Weltausstellung von 1867 rüstet man sich mit der Herausgabe spezieller Paris-Führer durch Literaten wie Théophile Gautier (1811-1872) und Alexandre Dumas (1802-1870), die den Besuchern nicht nur das »neue« Paris, sondern vor allem das kulturelle Leben der Hauptstadt vorstellen. Mit einem allumfassenden Rahmenprogramm erreicht die Institution »Weltausstellung« ein Ausmaß, das kaum noch zu überbieten sein wird. Es zeigt aber auch die Grenzen des Machbaren auf, deren Überschreitung zwangsläufig zu einer Beliebigkeit der Veranstaltung führen muss.

Wien 1873
»Welt-Ausstellung 1873 in Wien«

Die Idee, in Wien eine Weltausstellung durchzuführen, wurde bereits 1852 im Anschluss an den Londoner Erfolg geboren. 1859 sollte sie stattfinden, was der Krieg Österreich-Ungarns gegen Frankreich und Italien jedoch verhinderte. Im Folgenden zögern problematische soziale und ökonomische Verhältnisse das Unternehmen hinaus, und erst nach Beendigung der Auseinandersetzungen mit Preußen (1866) wird die Umsetzung des Planes möglich. Als Initiator ist letztlich der niederösterreichische Gewerbeverein anzusehen, der im Jahr 1870 der österreichischen Regierung eine entsprechende Petition vorlegt. Da 6 Millionen Gulden »Startkapital« vorgewiesen werden können, bewilligt Kaiser Franz Joseph I. (1830-1916) die Durchführung einer entsprechenden Ausstellung für die Zeit vom 1. Mai bis zum 31. Oktober 1873. Anliegen ist, »das Kulturleben der Gegenwart sowie die Gesamtheit der volkswirtschaftlichen Darstellungen und deren weitere Fortschritte zu fördern.«

Wie Paris steht auch Wien in jenen Jahrzehnten am Übergang von einer mittelalterlich geprägten Stadt zu einer modernen Metropole. Seit 1857 wird die Ringstraße als Verbindung zwischen der Innenstadt und den Vorstädten ausgebaut. Die meisten der überaus repräsentativen Neubauten sind 1873 allerdings noch unvollendet, bei anderen steht gar die Grundsteinlegung noch aus. Dennoch will man sich als das neue Zentrum Mitteleuropas präsentieren, als Schnittpunkt zwischen Okzident und Orient. Mit der Ausrichtung der Weltausstellung will man zudem zeigen, dass sich die österreichisch-ungarische Monarchie nach den politischen Niederlagen stabilisiert hat und die Wirtschaft floriert. Das am Rande der Stadt liegende Prater-Gelände wird zum Ort der Schau bestimmt. Bei den Wienern ist dieses ehemalige Jagdgebiet Maximilians II. (1527-1576) als Volkspark bekannt und beliebt, seitdem es 1766 von Joseph II. (1741-1790) der Öffentlichkeit übergeben wurde. Ein Teil dieses Parks, genauer 233 Hektar, werden unter Leitung der kaiserlichen Ausstellungskommission zum Zwecke der Weltausstellung genutzt – immerhin eine Fläche, die fünfmal so groß ist wie die der Pariser Exposition von 1867. Und man ahnt es unweigerlich: wieder einmal strebt man nach Superlativen! Um den bevorstehenden Besucherströmen Herr zu werden, legt man im Prater eine Vielzahl von zusätzlichen Wegen an. Daneben werden neue Bahnanschlüsse (teilweise bis zu den einzelnen Hallen) und weitere Donaubrücken gebaut, ganz zu schweigen von weitflächigen Parkplätzen für Pferdekutschen (!) am Rande des Geländes. Innerhalb der Stadt schießen Luxushotels wie Pilze aus dem Boden. Von ihnen werden sich längst nicht alle rentieren, zumal die Übernachtungspreise für die Besucher in unermessliche Höhen steigen.

Auf dem Weltausstellungsgelände selbst entstehen fünf große Ausstellungshallen und etwa 200 weitere kleine Bauten in deren unmittelbarer Umgebung. Am aufsehenerregendsten ist der Industriepalast. Er bildet zugleich den Mittelpunkt der Anlage. Zentraler Bauteil ist eine riesige Rotunde mit 104 m Durchmesser. Überwölbt wird sie von einem mächtigen Zeltdach, das auf 32 Säulen von 24 m Höhe aufliegt. Ungewöhnlich ist, dass die Rippenstruktur seiner Eisen-Glas-Konstruktion nach außen verlegt und somit von weitem sichtbar ist. Die Dachhaut selbst ist an der Unterseite der Rippen aufgehängt. Bekrönt wird das ganze von einer zweifachen Laterne, deren obere ihren Abschluss in einer 5 m hohen österreichischen Kaiserkrone findet. Dieser

27 »Der Weltausstellungplatz«, Wien 1873
In der perspektivischen Ansicht wird nicht nur die Lage der verschiedenen Ausstellungsgebäude zueinander klar, sondern auch ihre architektonische Gewichtung. Zum Wahrzeichen der Weltausstellung von 1873 avanciert der 907 m lange Industriepalast mit seiner alles überragenden Rotunde. Von den Zeitgenossen leicht despektierlich, aber liebevoll als »Guglhupf« bezeichnet ist sie die bis dahin größte Konstruktion ihrer Art.

im Volksmund auch spöttisch als »umgekehrter Blechtrichter« titulierte Bau übertrifft mit seinen Ausmaßen von insgesamt 85 m Höhe alles bisher Bekannte. Konstrukteur des – wie es die Zeitgenossen nennen – »achten Weltwunders« ist ein Engländer, der Schiffsbauingenieur John Scott-Russel. Als leitende Architekten vor Ort sind Carl Hasenauer (1833-1894) und Friedrich Schmidt (1825-1891) tätig. Zur Publikumsattraktion wird – nebenbei bemerkt – der Aufstieg an der Außenseite des Daches. Mittels eines hydraulischen Aufzugs und Steigleitern erreicht man die Spitze des Rundbaus, von wo sich erwartungsgemäß ein großartiger Ausblick ergibt. An die beschriebene Rotunde schließt symmetrisch zu beiden Seiten je eine große, langgestreckte Galerie mit einer lichten Höhe von 25 m an, von der wiederum beidseitig Quergalerien abzweigen. Bei einer Länge von 907 m und einer Breite von 206 m ergibt sich als Grundriss ein grafisches Gebilde mit Haupt- und Nebenachsen, das in der Literatur häufig mit einem Fischskelett verglichen wird. Meines Erachtens erinnert der Bau jedoch mehr an ein großes Querrechteck, da die Mittelachse durch ihre Höhe und die kopfbauartigen Querriegel an

26 »Vollständiger Situationsplan der Wiener Weltausstellung 1873«
Gut zu erkennen ist die skelettartige Grundstruktur des zentralen Ausstellungspalastes: Die dunkelrot gekennzeichneten Teile sind höher, die hellroten niedriger, so dass eine ausreichende Belichtung gewährleistet ist. Mittig liegt die große Rotunde. Am nördlichen Rand des Ausstellungsgeländes befindet sich als separates Gebäude die langgestreckte Maschinenhalle.

VOLLSTÄNDIGER SITUATIONSPLAN DER WIENER WELTAUSSTELLUNG 1873.

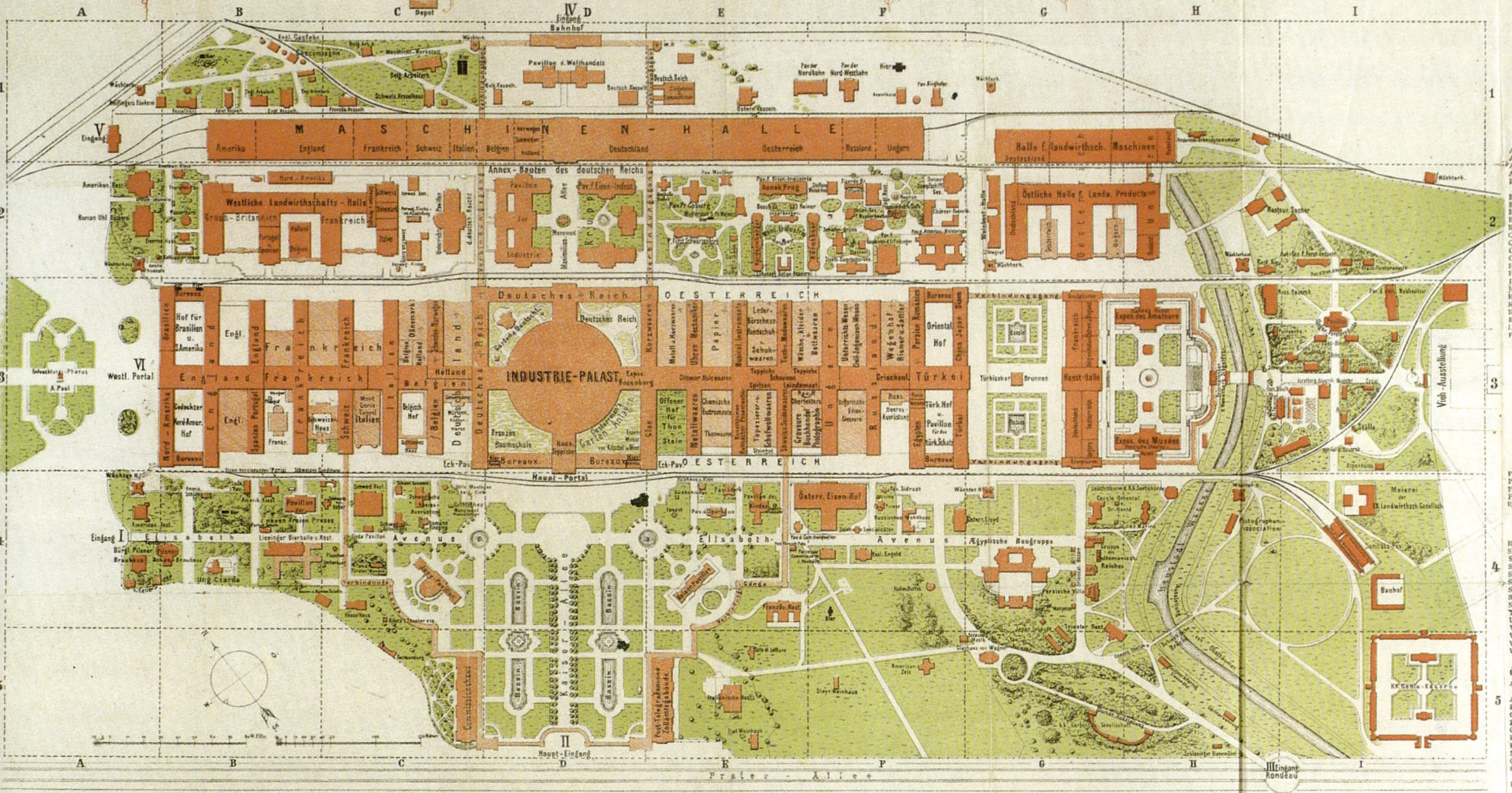

Uebersicht der Hauptgebäude.

1. Industrie-Palast, 900 m lg. 200 m br., mit der Rotonde, der Längsgallerie und 16 Quergallerien. 28 Höfe à 2570 □m grösstentheils erbaut.
2. Kunsthalle mit der *Exposition de Musées* und der *Exposition des amateurs* 40 m br. 200 m lg.
3. Maschinenhalle 800 m lg. 50 m br.
4. Agriculturhallen:
   - a. Westliche 220 m lg. 90 m br. mit 3 verbauten Höfen.
   - b. Oestliche 175 m lg. 75 m br. mit 2 verbauten Höfen.
   - c. Halle für landwirthschaftliche Maschinen 210 m lg. 40 m br.
5. Commissionsgebäude und 6. Post- und Telegrafengebäude — jedes 100 m lg. 25 m br. an beiden Seiten des Haupteinganges gelegen.
7. Pavillon der Jury 60 m lg.
8. Kaiser-Pavillon 50 m lg.
9. 15 Wächterhäuser mit Feuerlöschrequisiten.

Nördlich von der Maschinenhalle gelegene Bauten.

Arbeiterhäuser für England, Belgien und Frankreich. B. C. 1.
Andersons Bremsdynamometer. H. 1.
Central-Bahnhof und die Depots für Kisten und Emballage. D. 1.
Deutscher Pavillon für Zigelei und Eismaschinen. E. 1.
Englische Gasfabrik. B. 1.
Gascompagnie Limited. B. 1.
Hailfinger's Bäckerei. A. 1.
Hier. B. 1., Hier. C. 1., Hier. F. 1.
Kesselhäuser für Belgien. D. 1.
» » Deutschland. D. 1.
» » England. B. 1.
» » Frankreich. C. 1.
» » Nordamerika. B. 1.
» » Oesterreich und Russland. E. F. 1.
» » Schweiz. C. 1.
Maschinenwerkstätte, englische. C. 1.
Pavillons der Nordbahn und Nord-Westbahn. E. F. 1.
Pavillon Ringhofer. F. 1.
» des Welthandels im Mittelpunkte gelegen. D. 1.
Wächterhäuser III, IV, V, VI. A. C. E. G. 1.
Weiters dürften hieher die Massenquartiere kommen.

Gebäude, welche zwischen der Maschinenhalle und dem Ausstellungspalaste liegen.

Agriculturhalle, westliche (schon oben angeführt). B. 2.
Amerikanischer Kiosk. B. 2.
» Trinkhalle. A. 2.
Annexbauten Deutschlands, liegen im Mittelpunkte. D. 2.
Chailly-Gebäude aus künstlichen Steinen. E. 2.
Eisernes Haus. B. 2.
Englisches Commissionshaus. B. 2.
Hier. E. 2.
Curti, schiefstehender Obelisk von Cement. E. 2.
Elsasser Bauernhaus. F. 2.
Etablissement von Krupp aus Essen, liegt im Mittelpunkte. D. 2.
Innerberger Pavillon für Montan-Industrie. F. 2.
Kärnthner Pavillon für Montan-Industrie. F. 2.
Kosthalle Dreher. E. 2.
Maschinen-Pavillon von Danieck in Prag. E. 2.
Musterställe von R. P. Wagner. E. 2.
Norwegen und Schweden Fischerei-Ausstellung. C. 2.
Norwegischer Kiosk. C. 2.
Pavillon des Ackerbau-Ministeriums. F. 2.
» von der Actiengesellschaft für Wasser- und Brückenbau. F. 2.
» » Baron Rothschild, Eisenindustrie und Brücke. F. 2.
» der Donau-Dampfschifffart-Gesellschaft. F. 2.
» Fürst Schwarzenberg Metall- u. landwirthschaftliche Industrie. E. 2.
Pavillon für Geschichte der Erfindungen von Prof. Dr. W. Exner. F. 2.
» von J. Bosch, Theerprodukte und Asphalt. E. 2.
» Mauthner, Statistische Darstellung der Brauerei. E. 2.
» Neptun, Wasserwerksgesellschaft. F. 2.
» » Paget, Wasserdichte Stoffe. F. 2.
» Prinz Coburg Metall und landwirthschaftliche Industrie. E. 2.
» Reiner. E. 2.
» für Schiefer-Brüche. F. 2.
» der Staats-Eisenbahngesellschaft für Montan-Industrie. F. 2.
» von Steffens, Metall-Industrie. F. 2.
Restauration amerikanische. A. 2.
» englische. F. 2.
Restauration schwedische. C. 2.
Roman Uhl, Bäckerei. A. 2.
Elberegg, Actien-Brauerei aus Kärnthen. E. 2.
Telegraf. G. 2.
Tiroler Haus von Steiner in Innsbruck. F. 2.
Triumphbogen der Wienerberger Ziegelfabrik. H. 3.
Touristen-Pavillon. B. 2.
Türkische Fontaine zwischen dem Industrie Palaste und der Kunsthalle. G. 3.
Unterrichts-Pavillon von Deutschland, liegt im Mittelpunkte. C. 2.
Vordernberger Pavillon für Montan-Industrie. E. 2.
Wächterhäuser II, VII, X. A. G. H. 2.
Wasserthurm von Professor Grünburg. B. 2.
Weinkosthalle in der Nähe der östlichen Agriculturhalle. G. 2.

Südlich von dem Ausstellungspalaste liegende Baulichkeiten.

Aegyptische Bauten. G. 4.
Amerikanische Schule. B. 4.
Amerikanische Trinkhalle. E. 4.
Amerikanisches Zelt. F. 5.
Beleuchtungs-Pharus vor dem westlichen Haupteingange von Alex. Paul. A. 3.
Bierhalle von Liesing. B. 4.
Blumenausstellung. G. H.
Buchhandlung. C. 5.
Buffet, italienisches. F. 4.
Bürgerliche Brauerei von Pilsen. A. 4.
Cement Obelisk. H. 5.
Cercle oriental von Dr. Hardt. G. 4.
Glashaus R. Ph. Wagner. G. 5.
Gothisches Monument von Moritz Wasserburger. C. 4.
Hier B. 4., Hier. F. 4.
Holzhaus von Kiez. E. 4.
Japanesische Baugruppe. G. 5.
Jury-Pavillon (bereits angeführt). C. 4.
Kaiserpavillon (bereits angeführt). E. 4.
Kesselhaus für Wasserleitungen. C. 4.
Kibitka. F. 4.
Kiosk, amerikanischer. B. 4.
Leuchtthurm der k. k. Seebehörde. H. 4.
Pavillon der Domäne Finsping. C. 4.
» » österreichischen Eisenindustrie (Eisenhof). F. 4.
» des Fürsten von Monaco. C. 4.
» Heller Spielwerke. C. 4.
» für Herren und Damen-Toilette. C. 4.
» des Kindes. E. 4.
» » k. k. Marine-Ministeriums. G. 4.
» » österreichischen Lloyd. E. 4.
» Neumüller, Perlmoser Cementwaaren. F. 4.
» der neuen freien Presse. B. 4.
» Quittner & Herzog, Eisenmöbel. H. 4.
» Reiner, Amerikanische Getränke. F. 4.
» für Taback-Specialitäten. F. 4.
» Sidrost, Thonwaaren und Cemente. F. 4.
» Stark für Glaswaaren. E. 4.
» der Südbahn. E. 4.
» der österreichischen Sparkasse, zur Darstellung E. 4.
» » » Heilquellen. E. 4.
Persische Villa. G. 4.
Pester Parquet Fabrik. E. 4.
Pilsner Actien-Brauerei. B. 4.
Portugiesische Schule. B. 4.
Restauration, amerikanische. A. 4.
» Engeld. F. 4.
» italienische. E. 5.
» schwedische. C. 4.
» triester. G. 4.
Russisches Wohnhaus. F. 4.
Sala di Lettura. E. 5.
Schwedische Brücke. H. 5.
Schwedische Heeresausrüstung, Schweden u. Norwegen. C. 4.
Schwedisches Schulhaus, Schweden und Norwegen. C. 4.
Schweizer Conditorei. C. 4.
Soda-Pavillon. C. 4.
Spanischer Pavillon. B. 4.
Strauss Musik. G. 5.
Türkische Gebäude, Orientalische Bazare. G. 4.
Ungarische Czarda. B. 4.
Verkauf von Billeten für Theater etc. C. 4.
Ville Montagne, Belgisches Zink. C. 4.
Wächterhäuser I. A. G. H. 4.
Weinhaus, italienisches. E. 5.
» steierisches. F. 5.

Gebäude, welche hinter dem Heustadl-Wasser liegen.

Actiengesellschaft für Forstindustrie. J. 2.
» Krainer Forstindustrie. J. 2.
Alpenhütte. J. 3.
Bauhof. J. 4.
Cr[illegible]er Bauernhaus. J. 3.
F[illegible]binder-Häuser. J. 3.
Gaydeler Bauernhaus. J. 3.
k. k. Genie-Kaserne nächst dem Rondeau. J. K.
Kraus, Restauration. H. 2.
Meierei der Landwirthschaftsgesellschaft Wien. J. 4.
Ost-Galizisches Bauernhaus. J. 3.
Oesterreichische Schule. J. 3.
» Tauernhaus. H. J.
Pavillon Erzherzog Albrecht. J. 2.
» für Glasgemälde. J. 3.
» der Steirischen Waldbesitzer. J. 3.
Photographenassociation. H. 4.
Pumpenhaus. H. 3.
Rumänisches Bauernhaus. H. 2.
Restauration Sacher. J. 3.
Russisches Bauernhaus. H. 3.
Sanitäts-Pavillon. J. 4.
Siebenbürgisches Bauernhaus. J. 3.
Schwedische Meierei. J. 3.
Stallungen und Hühnerhäuser. J. 3.
Seekler Bauernhaus. J. 3.
Ungarische Forstprodukte und Kirche. J. 3.
Voralberger Bauernhaus. J. 3.

Mit gesetzlichem Schutz gegen Nachdruck.

Verlag von Karl Prochaska in Teschen und Wien.

F. A. Brockhaus' Geogr.-artist. Anstalt in Leipzig.

28 Südeingang zum Hauptgebäude der Wiener Weltausstellung 1873
Der Haupteingang zum Weltausstellungsgelände liegt im Süden. Passiert man die vorgelagerten Bassins, so erreicht man den Südeingang des Hauptgebäudes bzw. die Rotunde, den zentralen Verteilungspunkt der Ausstellung. Von hier geht es in die verschiedenen Länderabteilungen. Im Ausstellungspalast sind sie entsprechend ihrer geografischen Lage zu Österreich angeordnet.

den Enden bzw. durch die vier im Quadrat angelegten Galerien rund um den Zentralbau unterbrochen wird. Unterstützung mag diese Interpretation in der Tatsache finden, dass mehr als die Hälfte der zwischen den kurzen Seitenarmen liegenden Felder überdacht und damit den Ausstellungsräumen zugeschlagen sind. Die Gesamtfläche des Industriepalastes beträgt auf diese Weise etwa 70.000 m². Seine vier monumentalen Zugänge sind als Triumphtore mit reichen Skulpturendekorationen von bekannten Wiener Bildhauern gestaltet und liegen in der mittigen Längs- bzw. Querachse des Gebäudes. Der Haupteingang befindet sich auf der Südseite des Industriepalastes, genau in Verlängerung des zentralen Eingangs zum Weltausstellungsgelände an der sog. Haupt-Allee. Als imposantestes Bauwerk der Exposition wird die anfangs so vehement abgelehnte Rotunde schließlich zum Wahrzeichen Wiens. Ihrer seitlichen Anbauten entledigt dient sie bis zu ihrer Zerstörung durch einen Brand im Jahre 1937 in erster Linie für Ausstellungs- und Messezwecke, wird aber auch für Zirkus-, Sport-, Theater- und Wohltätigkeitsveranstaltungen genutzt.

Die übrigen für die Weltausstellung errichteten großen Gebäude sind weit weniger aufwendig gestaltet als der Industriepalast. So handelt es sich bei der Maschinenhalle um einen dreischiffigen, 800 m langen Mauerwerksbau nördlich der Rotunde. Obwohl

29 Der »Kaiserpavillon« auf dem Pratergelände, 1873
Der Pavillon wird speziell für das österreichische Kaiserpaar errichtet. Hierhin zieht es sich bei seinen Besuchen auf der Weltausstellung zurück. 73 Industrielle und Kunstgewerbetreibende haben sich für das Bauvorhaben zusammengetan und den Pavillon mit dem Besten vom Besten der heimischen Kunstindustrie ausgestattet.

deutlich kleiner als in Paris 1867 hat auch er immerhin eine Grundfläche von 40.000 m² und eine Raumhöhe von etwa 20 m im Mittel- bzw. 13 m in den Seitenschiffen. Die beiden Landwirtschaftshallen und die Kunsthalle sind – noch unspektakulärer – in Holz-Fachwerk errichtet. Bei der Kunsthalle wird allerdings mit dem Oberlicht, also Glasöffnungen und Fenstern im Dach, ein zukunftsweisendes Beleuchtungssystem erstmals erprobt. Dem Pariser Beispiel folgend entstehen auf dem gesamten Weltausstellungsgelände zahlreiche Pavillons und kleine Baugruppen. Die vermeintlich »wichtigeren«, repräsentativeren Gebäude liegen im Süden des Industriepalastes. Zu diesen zählt u. a. der österreichische Kaiserpavillon, den 73 Wiener Industrielle und Gewerbetreibende dem Kaiserpaar »schenken«, nachdem sie ihn mit dem Besten haben ausstatten lassen, was das eigene Kunsthandwerk bietet. Verkürzt kann man sagen, dass jeder, der etwas auf sich oder seine Firma hält, einen zusätzlichen Bau im Park errichtet: der Fürst von Monaco, der deutsche Kaiser und der russische Zar ebenso wie die österreichische Eisenindustrie, die »Neue freie Presse«, der österreichisch-ungarische Lloyd, die Donau-Dampfschiffahrts-Gesellschaft, »Krupp's Kanonengießerei« und viele andere mehr.

Einen ganz besonderen Reiz besitzen aber die nach thematisch-topographischen Gesichtspunkten geordneten Gebäudegruppen wie etwa das orientalische Viertel. Mit einem ägyptischen Palast inklusive Moschee und Minarett, einer marokkanischen Villa, einem türkischen Badehaus usw. handelt es sich um einen relativ großen Komplex. Gleiches gilt für das sogenannte Ethnografische Dorf, eine Ansammlung von Bauernhäusern aus Russland, Siebenbürgen, Ungarn, Rumänien, Kroatien, Galizien und der Alpenregion. Große Aufmerksamkeit erheischen daneben ein »Japanesischer Garten, Bazar und Tempel«. Aufgrund eines 1869 zwischen Österreich-Ungarn und Japan abgeschlossenen Handelsvertrags ist das japanische Kaiserreich der Meiji-Ära, das sich 1867 in Paris noch eher unprofessionell präsentiert hat, mit über 6.000 Exponaten umfassend vertreten. In seinem Streben, einen Platz unter den Weltmächten einzunehmen, nutzt Japan die Weltausstellung, seine gesamte Kultur vorzustellen, vom Werkzeug über Lebensmittel bis

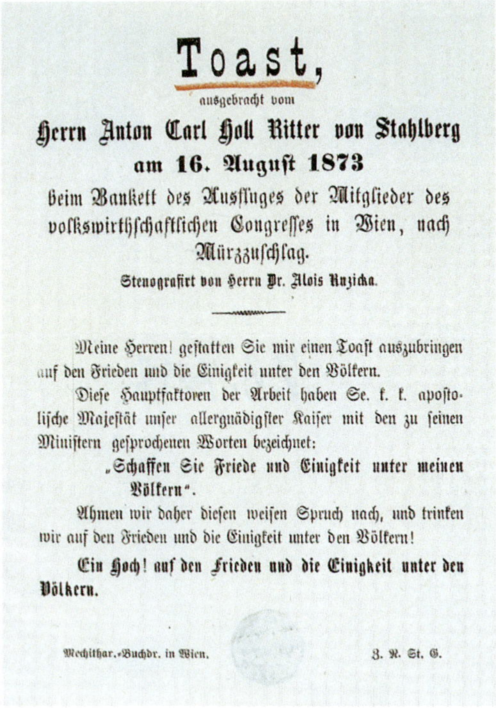

Toast,

ausgebracht vom

Herrn Anton Carl Holl Ritter von Stahlberg

am 16. August 1873

beim Bankett des Ausfluges der Mitglieder des volkswirthschaftlichen Congresses in Wien, nach Mürzzuschlag.

Stenografirt von Herrn Dr. Alois Ruzicka.

Meine Herren! gestatten Sie mir einen Toast auszubringen auf den Frieden und die Einigkeit unter den Völkern.

Diese Hauptfaktoren der Arbeit haben Se. k. k. apostolische Majestät unser allergnädigster Kaiser mit den zu seinen Ministern gesprochenen Worten bezeichnet:

„Schaffen Sie Friede und Einigkeit unter meinen Völkern".

Ahmen wir daher diesen weisen Spruch nach, und trinken wir auf den Frieden und die Einigkeit unter den Völkern!

Ein Hoch! auf den Frieden und die Einigkeit unter den Völkern.

Mechithar.-Buchdr. in Wien. Z. N. St. G.

30 »Toast« des volkswirtschaftlichen Kongresses in Wien 1873
Internationale Tagungen zählen zu den wichtigsten Begleitveranstaltungen der Wiener Weltausstellung. Die Mitglieder des volkswirtschaftlichen Kongresses treffen sich im August 1873 und stoßen bei einem Ausflug nach Mürzzuschlag an »auf den Frieden und die Einigkeit unter den Völkern« – einen Leitsatz der Weltausstellungen insgesamt.

hin zur Gartenkunst. Selbst eine Nachbildung des Tempels von Kyoto ist im Industriepalast zu sehen. Die Begeisterung des Publikums ist noch größer als erwartet. So gehören die heiß umlagerten japanischen Fächer fortan in den gehobenen Kreisen Wiens einfach »zum guten Ton« – und führt schließlich zu einem regen Kulturaustausch. Er schlägt sich in der einen Richtung im japanischen Einfluss auf die europäische Ornamentik nieder, in der anderen Richtung im Ankauf von Maschinen für die Industrie sowie von Ausstellungsobjekten für das 1872 in Tokio gegründete und noch heute bestehende Kunst- und Industriemuseum.

Doch noch einmal zurück zum Industriepalast. Auch die Wiener Organisatoren haben sich etwas Neues hinsichtlich der Systematisierung der Ausstellung einfallen lassen. In der Rotunde stellen Österreich-Ungarn und das Deutsche Reich aus. Die übrigen Länder werden – ihrer geografischen Lage entsprechend – um dieses Zentrum herumgruppiert. Die USA liegen demnach ganz im Westen, gefolgt von England, Frankreich, Portugal, Spanien, der Schweiz, Italien, Belgien, den Niederlanden, Griechenland, Schweden und Norwegen; auf der anderen Seite des Rundbaus schließen sich nach Osten Ungarn, Russland, Ägypten, Tunesien, die Türkei, Persien, Rumänien, Marokko, Siam, China und Japan an. Die geografische Länderanordnung wird, soweit möglich, auch in der Maschinenhalle und sogar auf dem Außengelände eingehalten. Kritiklos bleibt allerdings auch dieses Schema nicht, da man nun die Objekte zusammengehöriger Sachthemen nicht mehr so gut miteinander vergleichen kann.

Laut Reglement der kaiserlichen Ausstellungskommission, deren Präsident Erzherzog Rainer von Österreich (1827-1913) ist, wird die Exposition in 26 Gruppen mit 173 Sektionen gegliedert. Erstaunlicherweise befasst sich nahezu ein Drittel der Gruppen mit sozialen und kulturellen Fragen. So werden etwa beim »Bau- und Civilingenieurwesen« (Gruppe 18) hauptsächlich gesundheitliche Einrichtungen wie Krankenhäuser, Badeanstalten oder Kana-

31 Einladungskarte zur Eröffnung der Wiener Weltausstellung am 1. Mai 1873
Als Korrespondent der »Deutschen Zeitung« in Wien wird Dr. Oscar Berggruen zur Eröffnung der Weltausstellung eingeladen. Der auf der Vorderseite seiner Einlasskarte angegebene Buchstabe »G« weist dem Journalisten einen Platz innerhalb eines festgelegten Teilabschnitts in der Rotunde zu, den er anhand des rückseitig abgebildeten Gebäudegrundrisses lokalisieren kann.

G

Einladungs-Karte

zur

feierlichen Eröffnung der Weltausstellung

am 1. Mai 1873 Mittags in der Rotunde des Industrie-Palastes.

Nur gültig für Herrn Dr. Oskar Berggruen

Deutsche Zeitung Wien

Diese Karte wolle nach Abnahme des Coupons seitens der Control-Organe wohl verwahrt werden.

Dem Germanischen Museum zu Nürnberg.

Wien, September 1876.

Dr. Oskar Berggruen

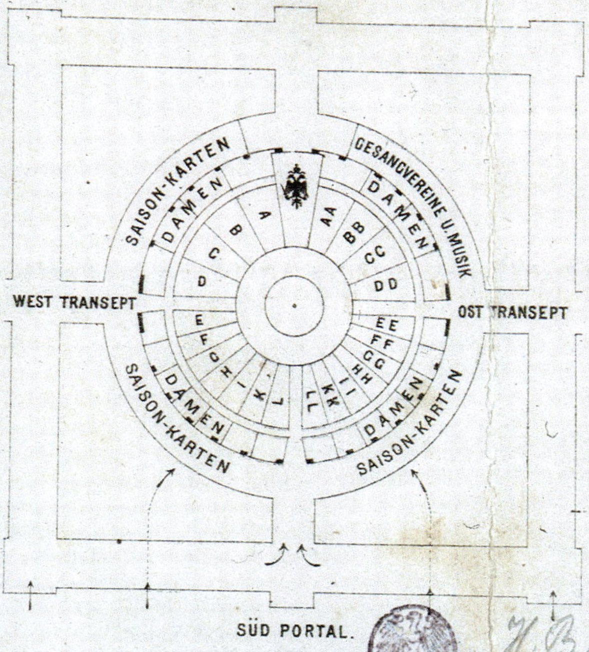

Der Buchstabe der Karte entspricht jenem des Platzes in der Rotunde.

Die Zu- und Rückfahrt findet durch die Praterstrasse und Hauptallee zum Haupt portale statt.

Der Einlass beginnt um 9 und schliesst um 11 Uhr.

Die Herren erscheinen in Uniform mit den Bändern über dieselbe, oder im Frack mit weisser Halsbinde; Damen in Morgen-Toilette mit Hut.

Alle nicht zum Geleite Ihrer Majestäten ausdrücklich berufenen Personen verbleiben auf ihren Plätzen, bis Ihre Majestäten den Rundgang beendet und sich in den Kaiser-Pavillon zurückzuziehen geruht haben.

32 Innenansicht der Rotunde bei der Eröffnungsfeier 1873
Einzig die Rotunde ist bis zur Eröffnung der Weltausstellung im Mai 1873 fertiggestellt. Hier findet die feierliche Zeremonie statt, bei der Aussteller und Besucher aus aller Herren Länder zum ersten und letzten Mal auf österreichischem Territorium willkommen geheißen werden. Noch ahnt niemand, welche Katastrophen die Stadt in den darauffolgenden Monaten erschüttern wird.

lisation gezeigt. Mit dem »Erziehungs-, Unterrichts- und Bildungswesen« (Gruppe 26) wird ein weiterer Schwerpunkt gesetzt. Die Kindererziehung, sämtliche Formen des Schulwesens und selbst die Erwachsenenbildung werden hier thematisiert. Einzelbauten im Außenbereich wie der »Pavillon des Kindes«, ein »Österreichisches Dorf-Schulhaus« und »Deutschland's Unterrichts-Pavillon« ergänzen die Gruppe. Das Hauptaugenmerk der Initiatoren liegt jedoch unbestritten auf der Kunst und dem Kunstgewerbe. Beides wird bewusst ins Zentrum gerückt, da die Veranstalter der Meinung sind, dass Österreich auf diesem Gebiet ganz besonders große Fortschritte gemacht hat. Von Besuchern und Kritikern gibt es uneingeschränkte Zustimmung: Man war sehr positiv überrascht, was sich u. a. in den vielfältigen Publikationen vor allem zum Kunsthandwerk niederschlägt. In

33 Preismedaillen der Wiener Weltausstellung, 1873. Joseph Tautenhayn, Wien (und anderen)
Eine Serie von fünf Preismedaillen, die sich in ihrem Rang nicht unterscheiden, werden für die Wiener Weltausstellung hergestellt. Alle tragen auf der Vorderseite ein Porträt von Franz Joseph I., Kaiser von Österreich und König von Böhmen und Ungarn. Die jeweilige Rückseite ist entsprechend der Art der Leistung, für die sie zuerkannt werden, unterschiedlich gestaltet und zwar sowohl in der gewählten Darstellung als auch in der Aufschrift. »DEM FORTSCHRITT« (a), »FÜR KUNST« (b), »DEM VERDIENSTE« (c), »DEM MITARBEITER« (d) und »FÜR GUTEN GESCHMACK« (e) lauten die einzelnen Kategorien. Insgesamt werden 14.399 von ihnen verliehen.

FRANZ JOSEPH I. KAISER VON OESTERREICH. KOENIG VON BOEHMEN ETC. APOST. KOENIG VON UNGARN

DEM FORTSCHRITTE
WELTAUSSTELLUNG 1873
WIEN

FÜR KUNST
WELTAUSSTELLUNG 1873
WIEN

WELTAUSSTELLUNG 1873 WIEN
DEM
VERDIENSTE

WELTAUSSTELLUNG 1873 WIEN.
DEM
MITARBEITER.

WELTAUSSTELLUNG 1873 WIEN.
FÜR
GUTEN GESCHMACK

34 Urkunde zur Verleihung einer Verdienst-Medaille von 1873
Ein großer Bereich der Wiener Weltausstellung ist kulturellen Fragen gewidmet. Das Germanische Nationalmuseum sendet 1873 eine Auswahl seiner Schriften in die österreichische Metropole und erhält dafür eine Verdienst-Medaille. Zusammen mit einer entsprechenden Urkunde, auf der auch die Medaille selbst abgebildet ist, wird die Auszeichnung überreicht.

der Ausstellungssystematik sind Kunst und Kunstgewerbe gleich in mehrere Gruppen eingegliedert. Neben den Zuordnungen nach Materialien findet man sie auch unter den umfassenderen Gruppenbezeichnungen wie »Das bürgerliche Wohnhaus mit seiner inneren Einrichtung und Ausschmückung« (Gruppe 19), »Das Bauernhaus mit seiner Einrichtung und seinem Geräthe« (Gruppe 20), »Die nationale Hausindustrie« (Gruppe 21), »Kirchliche Kunst« (Gruppe 23), »Objecte der Kunst und Kunstgewerbe früherer Zeiten, ausgestellt von Kunstliebhabern und Sammlern« (Gruppe 24) und »Bildende Kunst der Gegenwart« (Gruppe 25). Dabei bleibt den Ausstellern freigestellt, wo sie das jeweilige Objekt präsentieren möchten, wenn eine mehrfache Zuordnung möglich ist. Eine separate Sparte bildet die »Darstellung der Wirksamkeit der Museen für Kunstgewerbe« (Gruppe 22). Laut Reglement werden hier Gegenstände gezeigt, »durch deren Vorführung die Museen auf die Veredlung des Geschmackes und auf die allgemeine Kunstbildung einzuwirken bemüht sind« und solche, die die »eigenen Leistungen der Museen« widerspiegeln. Neben den Gruppen und Sektionen gibt es noch »temporäre« und »additionelle Ausstellungen«. Die fünf temporären Präsentationen beschränken sich auf solche Themenkreise, deren Gegenstände von Natur aus nur für kurze Zeit »haltbar« sind: lebende Tiere, aber auch totes Geflügel, Produkte der Milchwirtschaft, Leistungen

35 Drei Moschee-Ampeln, 1873.
Philippe-Josephe Brocard, Paris
Direkt auf der Wiener Weltausstellung erworben sind die Moschee-Ampeln ein beredtes Zeugnis für die Orient-Liebe jener Zeit. Auffällig ist die Variation im Dekor, die alle drei (signierten) Stücke eng miteinander verbindet. Als Vorbild dienten dem Franzosen Philippe-Josphe Brocard syrische Glasgefäße aus dem 13./14. Jahrhundert, die er teilweise als perfekte »Nachschöpfungen« arbeitete.

des Wein- und Gartenbaus, schädliche Pflanzen. Die sechs »additonellen Ausstellungen« behandeln hingegen einzelne Ausstellungsgruppen oder Aspekte in ihren historischen Zusammenhängen. Thematisiert werden die Geschichte der Erfindungen bzw. der Gewerbe, »Cremoneser Instrumente«, die Abfallverwertung, die Geschichte der Preise und der Welthandel. Eine inhaltliche Ergänzung findet die Weltausstellung in zahlreichen Nebenveranstaltungen wie Vortragsabenden im Pavillon der internationalen Jury oder auch internationalen Kongressen, die ein besonderes Anliegen der kaiserlichen Kommission darstellen. Als einer der wichtigsten dürfte der Patent-Kongress anzusehen sein. Er hat sich aus den unmittelbaren Schwierigkeiten mit den amerikanischen Ausstellern ergeben, die ihre Teilnahme – zumindest für das Jahr 1873 – von einem Schutz vor Nachbauten abhängig machten. Doch nicht nur derart konkrete Themen stehen auf dem Programm. Selbst ein kunsthistorischer Kongress findet statt, geleitet von Rudolf Eitelberger (1817-1885), dem ersten Ordinarius des 1852 gegründeten Lehrstuhls für Kunstgeschichte an der Universität Wien.

Dem Publikum wird aber noch mehr geboten. Westlich des Industriepalastes schließt sich der sogenannte Wurstlprater an mit seinen zahlreichen Vergnügungs- und Restaurationsbetrieben. Im Zuge der Vorbereitungen zur Weltausstellung wurden hier bereits vorhan-

36 Vase, vor 1873. Ravené & Sussmann, Berlin (Ausf.)
Bei der 1873 in Wien angekauften Emailvase sind wie so oft bei Werken des Historismus verschiedene Stilformen miteinander kombiniert: Der Dekor orientiert sich an türkisch-persischen Vorbildern, die Form leitet sich hingegen von renaissancezeitlichen Stücken ab. Orient und Renaissance sind zugleich die zwei thematischen Schwerpunkte auf der Wiener Weltausstellung.

dene »Buden« durch teilweise bis heute bestehende Neubauten ersetzt. Mit dieser vermeintlichen Attraktivitätssteigerung – vor allem in Hinblick auf die ausländischen Besucher – geht auch die Umbenennung in »Volksprater« einher. Annähernd einhundert Restaurationsbetriebe jeglicher Couleur vom Kaffeehaus bis zur amerikanischen Trinkhalle, verschiedene Schaubühnen und ein Hippodrom bieten den »Ausstellungsmüden« bis spät in die von Gaslampen erleuchtete Nacht ihre Dienste an.

Dennoch werden nicht jene Besucherzahlen erreicht, die erhofft bzw. erwartet wurden. Mit 7,2 Millionen Besuchern bleibt die Wiener Veranstaltung weit hinter den »Vorgaben« von 1867 zurück. Auch reichen weder die Ausstellungseröffnung im Mai noch die Preisverleihung im August an den Glanz der vorausgehenden Weltausstellungen heran. Die Eröffnung leidet vor allem unter den noch weitgehend unfertigen Gebäuden. Lediglich die Rotunde ist zu diesem Zeitpunkt baulich abgeschlossen, aber auch nur, da man ihre architektonische Innendekoration auf ein Minimum beschränkt hat. Hier, in diesen »dem friedlichen Fortschritte geweihten Räumen« – so Erzherzog Carl Ludwig (1833-1896) in seiner Eröffnungsansprache – verkündet Kaiser Franz Joseph den Beginn des »Weltspektakels«, nicht ahnend unter welch schlechtem Stern die Veranstaltung steht. Die Preisverleihung ist ebenfalls recht unspektakulär. Terminiert ist sie auf den 18. August 1873, den Geburtstag des Kaisers. Damit wird eine Verschiebung unmöglich, selbst als sich herausstellt, dass die Jury bis dahin ihre Arbeit nicht abgeschlossen haben wird. Halbherzig entschließt man sich zu einem Kompromiss: Neben allgemeinen Reden kommt es in der Winterreitschule lediglich zur Verleihung von 441 »Ehrendiplomen«, den höchsten Auszeichnungen. Sie werden zuerkannt für »Verdienste, welche Einzelne oder Corporationen um die Hebung der Volksbildung, die Pflege der Volkswirthschaft oder durch besondere Fürsorge für das geistige, sittliche oder materielle Wohl der Arbeiter sich erworben haben«. Die eigentlichen Preismedaillen, die ganz konkrete Aussagen zu den Objekten machen, werden erst in den darauffolgenden Monaten verliehen. Etwa die Hälfte der zirka 53.000 Aussteller erhält Auszeichnungen in Form einer »Fortschritts-Medaille«, einer »Kunst-Medaille« (nur für Werke der Bildenden Kunst), einer »Verdienst-Medaille« (für Erstaussteller), einer »Mitarbeiter-Medaille« (für großen Anteil an der Herstellung des Ausstellungsstückes) oder einer »Medaille für guten Geschmack«. Hinzu kommt ein »Anerkennungsdiplom«, das ebenfalls mit einer Medaille

37 Schale mit plastischen Fischen, Schlangen und Eidechsen, vor 1873. Barbizet & fils, Paris (Ausf.)
Keramiken aus der Renaissance dienen den Kunsthandwerkern seit der Mitte des 19. Jahrhunderts vermehrt als Inspirationsquelle. Diese 1873 auf der Wiener Weltausstellung erworbene Fayenceschale lehnt sich eng an Stücke von Bernhard Palissy (1510-1590) an. Dessen Gefäße zeichnen sich durch einen starken Naturalismus der nahezu vollplastisch auf den Grund aufgesetzten Pflanzen und Tiere und durch eine kräftige Farbigkeit aus.

gekoppelt ist. Mit einer derart großzügigen Verteilung will man einen – zumindest ideellen – Ausgleich für die wirtschaftlichen und finanziellen Verluste der Teilnehmer schaffen. Nahezu jede zweite Prämiierung geht dabei an Aussteller aus dem Deutschen Reich oder aus Österreich-Ungarn.

Obwohl im Verlauf des Sommers 1873 in Wien 33 regierende Herrscher, 13 Thronfolger und 20 Prinzen anreisen, bedeutet die Weltausstellung nicht nur Repräsentation, sondern auch Reputation für das österreichische Kaiserhaus. Dennoch ist es im Grunde eine Veranstaltung, die stark vom österreichischen Wirtschafts- und Bildungsbürgertum geprägt ist. Schon allein die thematische Gestaltung des Ausstellungs- und des Beiprogramms betont die bürgerlichen Wertvorstellungen: Man schätzt Bildung, Wissenschaft und Kunst, steht Arbeit und Leistung positiv gegenüber, glaubt nach wie vor an den ununterbrochenen Fortschritt und betont den sozialen und gesellschaftlichen Wert der Familie. Wie erwähnt, liegt das Hauptinteresse der Weltausstellungsbesucher im Gegensatz zu früheren Veranstaltungen diesmal auf jenen Abteilungen, die der modernen Maschinenindustrie mit ihren immer neuen technischen Verfeinerungen fern sind. Der gestiegene Wohlstand des Bürgertums hat zugleich die Grundlage für eine neue Käuferschicht gelegt, die nun (wie in früheren Jahrhunderten nur Adels- und Patrizierfamilien) das eigene Heim schmücken möchte. Das zunehmende Interesse an Kunst und Kunstgewerbe formuliert Julius Lessing in dem programmatischen Satz: »Wir fühlen uns reich genug, den geistigen und künstlerischen Luxus fordern zu dürfen.« »Schöne Gebrauchsgegenstände« halten somit vermehrt Einzug in den modernen Haushalt, und schon bald ist kein bürgerliches Wohnzimmer mehr denkbar ohne den obligatorischen Perserteppich. Dass hierzu nicht nur die allgemeine Orientbegeisterung des Publikums beigetragen hat, sondern auch ganz handfeste, merkantile Gründe, soll nicht unterschlagen werden: Ausschließlich Ausstellern aus orientalischen und fernöstlichen Ländern ist es erlaubt, ihre Waren schon während der Ausstellung feilzubieten. Die nicht verkauften Produkte müssen sie – wie die übrigen Teilnehmer ihr gesamtes Ausstellungsgut – am Ende des Sommers unter »Einstandpreis« verkaufen. Und hierzu gehört auch eine riesige Menge an Teppichen aus Persien. Großen Zuspruch findet aber nicht nur orientalischer Dekor. Auffällig ist eine verstärkte Rezeption von Renaissanceformen. Dienten in erster Linie italienische und französische Meister als Vorbild, so gibt es doch auch vereinzelte Rückgriffe auf deutsche Vorlagen. In der Hochzeit des Historismus äußert Jacob (von) Falke: »Daß es gerade die Renaissance ist, in welcher die Reform [des Kunstgewerbes, d. Verf.] sich vollzieht, das geschieht nicht aus irgend einer Passion oder einer Vorliebe derjenigen Persönlichkeiten, welche die Träger der Bewegung sind, sondern weil die Renaissance unserem modernen Auge am nächsten liegt, weil sich innerhalb ihrer Formen Zweckmäßigkeit und Schönheit für unser Bedürfnis, für unser Gefühl am besten vereinigen lassen. Die Übereinstimmung der Renaissanceformen mit der Natur der Dinge ist das Hauptmotiv für ihre erneute, aber frei moderne Wiederbelebung. Sie schließt keine andere Stilart aus, die auf demselben gesunden Boden ruht und sich derselben Vorzüge erfreut, wie denn bekanntlich die Dekoration des Orients mit vollem Recht unsere Teppiche zu beherrschen beginnt.«

Alles in allem ist der äußere Erfolg der Weltausstellung für Wien jedoch auch negativ behaftet. Die ungeheuren Summen, die nach Abschluss der großen Kriege plötzlich dem Kapitalmarkt zu Verfügung standen, haben eine Waghalsigkeit hervorgerufen, welche zu dem bekannten großen Börsenkrach vom Mai 1873 führt. Der Zusammenbruch der Wiener Börse und deren zeitweilige Schließung bewirkt eine deutliche Beeinträchtigung der wenige Tage zuvor eröffneten Weltausstellung. Es hat sich zudem herumgesprochen, dass die Ausstellung selbst noch sehr unfertig ist: Lediglich der Bau der Rotunde ist zu diesem Zeitpunkt abgeschlossen, die Errichtung der anderen Gebäude zieht sich zum Teil bis Mitte Juni hin. Beides bewirkt ein Ausbleiben der erwarteten Besuchermassen, mit deren Hilfe man sich finanziell zu sanieren

38 Platte mit zugehöriger Kanne, 1873. Manufaktur Ginori, Doccia bei Florenz
Die Firma Ginori zählt zu den großen italienischen Majolika-Werkstätten aus der 2. Hälfte des 19. Jahrhunderts, die Teller, Kannen, ja ganze Tafelservice im Stil der Renaissance »neu« entwerfen. Spätestens mit der Wiener Ausstellung von 1873 wird es Mode, sich »in Renaissance« einzurichten. In ihr sieht man jenen Stil, der sich wie kein zweiter dazu eignet, den eigenen Bedürfnissen angepasst zu werden. Platte und Kanne wurden im Zuge der Weltausstellung angekauft.

39 Dekorationsstoff, um 1873.
Philipp Haas & Söhne, Wien
Historisierende Nachbildungen von mittelalterlichen Seidenstoffen, hier die Kopie eines italienischen Seidenlampas aus dem 14. Jahrhundert, werden erstmals auf der Wiener Weltausstellung von der Firma Philipp Haas & Söhne vorgestellt. Musterstücke wie das 1873 erworbene gelangen in die Vorbildersammlungen zahlreicher Gewerbemuseen, wo sie zur Schulung von Kunsthandwerkern und Gewerbetreibenden dienen.

hofft. Mit den anfänglich errechneten Kosten kommt man nämlich bei weitem nicht aus – zweimal muss die Ausstellungskommission Nachforderungen stellen. Mit insgesamt 19 Millionen Gulden kostet das Unternehmen Weltausstellung den Staat mehr als dreimal soviel wie erwartet! Und nach Abzug der Einnahmen steht am Ende gar ein Defizit von etwa 15 Millionen Gulden.

Doch ist dies nicht der einzige Schlag für das Kaiserreich. Gerade als man meint, sich mit der wirtschaftlichen Lage arrangiert zu haben, kommt die nächste Katastrophe: Ende Juni bricht in einem kleinen Wiener Hotel die Cholera aus! Der Grund für die Epidemie ist wohl in der katastrophalen Trinkwasserversorgung und den schlechten sanitären und hygienischen Verhältnissen der Stadt zu suchen. Zwar wollte man das gesamte Versorgungsnetz bis zum magischen Eröffnungsdatum der Weltausstellung erneuern, doch ist dies lediglich für das Prater-Gelände und die wohlhabenderen Viertel der Stadt gelungen. Die Wohnverhältnisse in den Armenvierteln Wiens sind nach wie vor unbeschreiblich. Schnelles Handeln beim Ausbruch der Cholera begrenzt die Zahl der Toten zwar auf knapp 3.000 (im gesamten Kaiserreich waren es immerhin über 300.000), aber viele Besucher meiden verständlicherweise die österreichische Metropole bis in den Herbst des Jahres. Die Wiener Bevölkerung selbst – zumindest die wohlhabende – scheint allerdings unbeeindruckt von den Schrecken der Zeit. Vielmehr jagt ein gesellschaftliches Ereignis das andere: auf unzähligen Empfängen, Grundsteinlegungen und offiziellen Feierstunden bejubelt man die Stadt, das Jahrhundert und auch sich selbst. Bälle, Galadiners und sonstige Festveranstaltungen finden nahezu täglich statt. Gesellschaftliches Leben und Amüsement stehen – Weltausstellung hin, Krisennachrichten her – auf der Werteskala an erster Stelle! Sehr treffend charakterisiert Johann Strauß [Sohn] (1825-1899) den Zeitgeist in seiner 1874 uraufgeführten »Fledermaus«. Hatte schon der »Börsencrash« Philipp Fahrbach d. J. (1843-1894) zu seiner schnell ungemein bekannten »Krach-Polka« angeregt, so ist die Strauß-Operette die wohl beste soziologische Studie »der Ringstraßengesellschaft und des Weltausstellungstaumels«. Sie spiegelt ganz unmittelbar und unverhohlen die Stimmung im Wiener Bürgertum, nicht zuletzt mit dem gegen Ende des ersten Aktes erklingenden Ohrwurm »Glücklich ist, wer vergisst, was doch nicht zu ändern ist!«

Philadelphia 1876
»Centennial Exhibition. International Exhibition of Arts, Manufactures of the Soil and Mine«

»Für Amerika hat die beabsichtigte Ausstellung in Philadelphia im Jahre 1876 ihre volle Berechtigung und Deutschland wird in seinem wohlverstandenen Interesse gewiß nicht verfehlen, diese mit allen exportfähigen Waren reichlich zu beschicken. Für Europa können wir jetzt nur noch systematische Spezialausstellungen gebrauchen, auf denen ernstlich gelernt und gearbeitet wird. Einstweilig müssen aber alle Betheiligten Ruhe haben, um die gemachten Erfahrungen zu bearbeiten. Die Wiener Weltausstellung hat uns genug gebracht, um für eine guthe Zeit zu thun zu haben; wir wollen hoffen, daß Deutschland einen tüchtigen Gewinn an Einsicht davon getragen hat und ernsthaft daran denken wird, sich durch solide Arbeit in allen Zweigen des Gewerbes die Stellung zu sichern, die ihm gemäß seinen Leistungen in der Wissenschaft, in der Musik und der Literatur, ganz abgesehen von seiner politischen Stellung, zukommt.« Leider hat Julius Lessing mit seiner 1874 geäußerten Meinung nicht recht behalten. Vielmehr sollten die Gewerbetreibenden des Deutschen Reiches noch lange Zeit unter dem in Philadelphia getroffenen Urteil zu leiden haben, ihre Waren seien »billig und schlecht«.

Doch der Reihe nach. Seit den späten 1860er Jahren gibt es in Nordamerika informelle Gespräche über die Ausrichtung einer Weltausstellung. 1869 folgt auf Initiative des Franklin Institute und der Academy of Fine Arts of Philadelphia eine entsprechende Eingabe an den Kongress. Als Termin wird 1876 vorgeschlagen, jenes denkwürdige Jahr, in dem die Vereinigten Staaten von Amerika am 4. Juli auf ihre 100jährige Gründung zurücksehen können. Obwohl die amerikanische Regierung fast ein Jahr lang keine Notiz von dem Antrag nimmt, ernennen die Ratsmitglieder der Stadt Philadelphia in der Zwischenzeit ein Komitee für die »Centennial«-Feier. Nach anfangs zögerlicher Zustimmung wird dann im März 1871 eine Gesetzesvorlage verabschiedet zur »Feier des 100. Geburtstags von Amerikas Unabhängigkeit durch Abhalten einer internationalen Ausstellung zu Kunst, Industrie und Produkten von Agrarwesen und Bergbau«. Eine »Centennial Commission« mit jeweils einem Delegierten pro amerikanischem Staat bzw. Territorium tritt zusammen, wohl wissend um die Schwierigkeiten der Finanzierung einer solch großen Ausstellung. Da der Staat nicht gewillt ist, die Kosten zu übernehmen, ist man auf private Geldgeber und die Stadt Philadelphia angewiesen. Die im Sommer 1873 noch fehlenden Mittel für die Errichtung der notwendigen Ausstellungsgebäude werden schließlich doch von der Regierung bewilligt, allerdings nur als Darlehn. Im Juli desselben Jahres gibt Präsident Ulysses Simpson Grant (1822-1885) offiziell die Ausrichtung der »International Exhibition 1876« bekannt. Noch während der Wiener Weltausstellung werden die ausländischen Staaten nach Philadelphia eingeladen.

Als Ausstellungsgelände wird ein Teil des Fairmount-Parks auserwählt. Dieser riesige Landschaftspark, wie der Wiener Prater mit altem Baumbestand, liegt unweit der Stadt Philadelphia. Eisenbahnen sorgen für eine schnelle Verbindung zwischen Innenstadt und Weltausstellungsgelände. Neu – und allseits bewundernd hervorgehoben – ist eine gesonderte Bahntrasse auf dem »Centennial Ground«, die dem Besucher den Überblick erleichtern soll. »Anfänglich sollte sie eine Pferdebahn werden, jetzt aber hat sie sich zum Dampfbetrieb aufgeschwungen, auf der alle

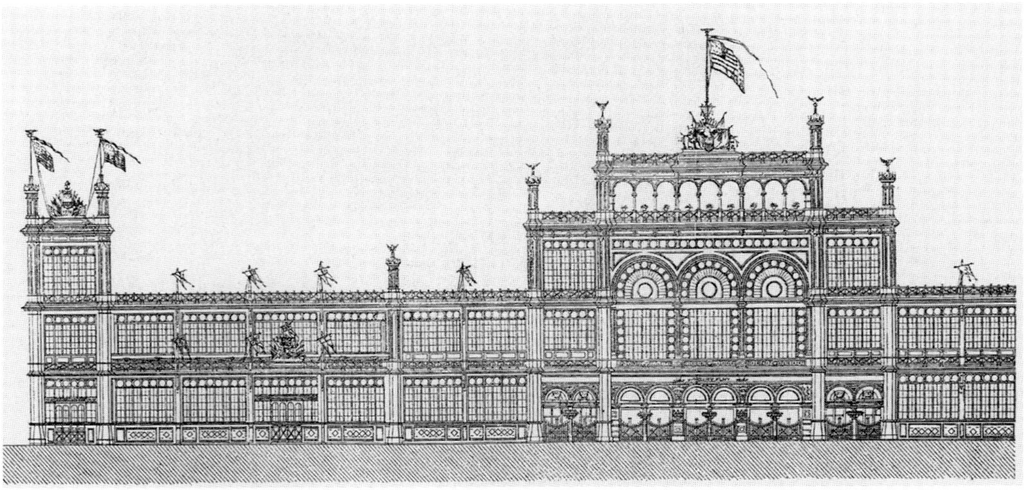

40 Hauptgebäude der Weltausstellung in Philadelphia 1876
Eisen und Glas sind wie schon 1851 beim Londoner Kristallpalast auch beim Hauptgebäude der Weltausstellung in Philadelphia die wichtigsten Baumaterialien. Das Prinzip der Aneinanderreihung vorgefertigter Elemente ist nach wie vor aktuell. Diesmal erheben sich die hohen, lichtdurchfluteten Fensterflächen über einem Sockel aus Ziegelsteinen. Die Konstruktionen sind in Eisen ausgeführt, die Dachdeckung besteht aus Wellblech.

fünf Minuten dicht besetzte Züge von munteren halbwüchsigen Lokomotiven befördert werden. Fünf Cents die Fahrt. Diese führt auf dem vier englische Meilen langen Wege dem Besucher ein wundervolles Panorama vor Augen, eine ganz kleine Welt im Festschmuck, ein Wechsel von Villen, Palästen, Kiosken, Seen, Baumgruppen, Wiesen, über mehrere Brücken, dann zwischen Blumengärten, Statuen, Kolossen hindurch, und jeden Augenblick wieder an einem offenen Portal mit ein- und ausströmender Menge vorüber, so daß die Lust, im Innern der einmal heiteren, lustigen, einmal ernsten, einmal tiefe lockende Kühle verheißenden Bauten einzudringen, von einer Station zur anderen reger wird« schreibt Franz Reuleaux (1829-1905) in seinen »Briefen aus Philadelphia«. Die Ausstellungsarchitektur besticht im wesentlichen durch ihre Größe, technische Neuerungen bringt sie nicht. Das dreischiffige Hauptgebäude von Henry Petit (1842-1921) und Joseph Miller Wilson (1838-1902) besitzt mit einer Länge von 577 m und einer Breite von 141 m eine Grundfläche von mehr als 81.000 m². Lediglich durch den Haupteingang unterbrochen schließt sich in der längsseitigen Flucht die 47.000 m² große Maschinenhalle an. So entsteht dem optischen Eindruck nach ein überlanges Gebäude, das der Besucher nur aus großer Entfernung als Ganzes erfassen kann. Mit seinen blockhaften Überhöhungen und Türmchen über dem Zentrum beider Hallen sowie bei den Eck- und Eingangsbauten zeigt der gesamte Baukomplex Anklänge an mittelalterliche Schlossanlagen Englands. Als weitere Großbauten sind die Landwirtschafts- oder Agrikulturhalle mit knapp 42.000 m², die Kunsthalle (7.400 m²) und die Gartenbauhalle mit »bescheidenen« 6.000 m² über das Gelände verteilt. Darüber hinaus stehen etwa 250 Pavillons und kleinere Bauten auf dem »Centennial Ground«. Die meisten Einzelgebäude sowohl der amerikanischen Bundesstaaten und Regierungs-Departments als auch der ausländischen Nationen sind aus Holz errichtet, also im wahrsten Sinne als »Architektur auf Zeit«. Im Gegensatz dazu entscheidet sich das Deutsche Reich bei

41 Der deutsche Pavillon auf der Weltausstellung in Philadelphia 1876
Während in Philadelphia die meisten Einzelgebäude der ausländischen Nationen wie auch der amerikanischen Bundesstaaten aus Holz errichtet sind, entscheidet sich Deutschland für ein solides Steinhaus in Form einer italienischen Renaissance-Villa. Auf der einen Seite des Gebäudes liegen die Dienstzimmer der deutschen Kommission, auf der gegenüberliegenden die offiziellen Empfangsräume des Reiches.

seinem »German Commission Building« (oder »German Government Pavillon«) für ein solides Steinhaus – analog zu dem »geraden und praktischen Charakter seiner Bewohner« wie ein amerikanischer Berichterstatter kommentiert. Von den deutschen Ausstellern wird allerdings bemängelt, dass die hohen Baukosten den Gesamtetat zu stark belasten und dieses Geld an anderer Stelle bei den Vorbereitungen fehlt.

Bis Ende 1875 haben bereits 35 Nationen ihr Kommen avisiert. Um langen Verzögerungen, wie auf den letzten Weltausstellungen mehrfach kritisiert, vorzubeugen, werden die Termine für die Beteiligten streng reglementiert. Die Anlieferung der Waren muss laut Statuten zwischen dem 5. Januar und dem 26. April 1876 geschehen. Dennoch ist bis zur Eröffnung am 10. Mai längst noch nicht alles komplett aufgebaut. Das Festpublikum lässt sich allerdings hiervon genauso wenig beeindrucken wie von dem schlechten Wetter, obwohl die Veranstaltung unter freiem Himmel auf einer Bühne vor der Memorial Hall stattfindet. Mit dem von Richard Wagner (1813-1883) eigens komponierten »Centennial-Marsch« wird die Zeremonie vor etwa 200.000 Gästen eingeleitet, das »Halleluja« aus dem »Messias« von Georg Friedrich Händel (1685-1759) bildet den Abschluss. Das Interesse nicht nur an der Eröffnung sondern auch an der Weltausstellung insgesamt stellt die Veranstalter mehr als zufrieden: Bis zum 10. November werden mehr als 10 Millionen Besucher gezählt. Bis zum Jahresende bleiben den Ausstellern dann noch eineinhalb Monate Zeit, um alle Gegenstände wieder abzutransportieren.

Die Klassifikation der in Philadelphia gezeigten Exponate ist detailliert wie nie zuvor: In 7 Abteilungen, 51 Gruppen und 470 Klassen präsentieren über 30.000 Aussteller – andere Quellen nennen »nur« 14.400 Teilnehmer – ihre Produkte. Der Schwerpunkt liegt diesmal ganz eindeutig auf der Technik und der Industrie. Zwar erwartete man auf diesem Gebiet ein deutliches Auf- oder gar Überholen seitens der Amerikaner, doch eine so klare Dominanz verblüffte dann doch sowohl Fachleute wie Laien. So ist die Maschinenhalle zum allergrößten Teil, nämlich zu 80 Prozent, mit Exponaten aus den Vereinigten Staaten gefüllt. Ganz besonderes Aufsehen erringt dabei eine Dampfmaschine der Firma Corliss. Nicht nur ihre Größe von 13 m Höhe ist atemberaubend, sondern vor allem die Tatsache, dass sie mit ihren 2.500 PS die gesamte Ausstellung mit Energie versorgt. Allein der feierliche Moment, in dem der amerikanische Präsident im Rahmen der Eröffnung der »Centennial Exhibition« am 10. Mai 1876 die Maschine in Gang setzt, dürfte für alle Anwesenden unvergesslich geblieben sein.

Neben zahlreichen technischen Exponaten findet der Besucher auf der Weltausstellung ein besonders umfangreiches Warenangebot zur Ausstattung von Wohnräumen. Um größere Anschaulichkeit zu erreichen, werden vielfach komplett eingerichtete Zimmer gezeigt, eine Form der Präsentation, die zeitgleich auch für die Münchner »Kunst- und Kunstindustrie-Ausstellung« gewählt wird. Schlichte Schönheit, Bequemlichkeit und praktischer Nutzen zeichnen viele der amerikanischen Produkte aus. In der »Deutschen Rundschau« wird beispielsweise über so überraschende Dinge wie Schrankbetten oder mittels einer Kurbel zu betätigende Ausziehtische berichtet.

Nicht unerwähnt bleiben darf an dieser Stelle selbstverständlich das allgemein bekannte Wahrzeichen Amerikas: die Freiheitsstatue. Überraschenderweise geht sie weder auf eine amerikanische Idee zurück, noch ist sie das Werk eines heimischen Künstlers. Die Kolossalfigur ist vielmehr das Präsent einer Gruppe von Franzosen, die den Vereinigten Staaten anlässlich ihres 100jährigen Bestehens ein »Monument der Freiheit« schenken wollen. Die vollendete Statue des Franzosen Frédéric Auguste Bartholdi (1834-1904) wird zwar erst acht Jahre später im New Yorker Hafen ihren endgültigen Standort finden, doch bekommen die Besucher in Philadelphia mit der ausgestellten Hand und Fackel einen ersten Vorgeschmack. Zwei Jahre später wird man den Kopf von »Miss Liberty« in Paris bewundern können.

Die Preisverleihung bildet den Höhepunkt dieser Weltausstellung. Sie findet Ende September 1876 im Jury-Pavillon statt. In Anlehnung an das englische Prämiierungssystem von 1862 gibt es lediglich eine Preismedaille. Zusätzlich erhält jeder Prämiierte ein Diplom und eine schriftliche Begründung für seine Auszeichnung. Die Deutschen bleiben dabei weitgehend unberücksichtigt. »Es ist nicht zuviel gesagt, wenn man von allgemeiner Enttäuschung über den Charakter der deutschen Abteilung auf der gegenwärtigen Messe spricht. Diejenigen, die sehr vertraut sind mit den aktuellen Fertigkeiten der deutschen Kunst in Silber, Keramik, Holzschnitzerei, Glas und Bronze, waren darin einig, daß die Ausstellung insgesamt schlechter war als sie im Hinblick auf die Wichtigkeit des Ereignisses hätte sein können oder sollen. Mit ihrem Konzept haben die Deutschen die verfügbare Gelegenheit zur Vermarktung ihrer besten Kunstproduktionen vor den Augen der versammelten Nationen nicht genutzt, sondern eine Kollektion sowohl aller unbedeutenden und banalen als auch der mehr außergewöhnlichen und eindrucksvollen Erzeugnisse zusammengestellt. Viele der Vitrinen waren gefüllt mit Dingen wie Spielzeug, Puppen, falschem Schmuck und Billigproduktionen. ... Keine schärfere Kritik konnte geäußert werden als jene, die von einem der leitenden deutschen Kommissare in einer führenden Berliner Zeitung publiziert wurde.« Gemeint sind hiermit die Berichte des deutschen Generalkommissars Franz Reuleaux, die zwischen Juni und September 1876 in der

42 »Miss Liberty«, 1871-1886.
Frédéric Auguste Bartholdi, Paris
Die in Kupfer getriebene Freiheitsstatue, die seit über 100 Jahren jeden amerikanischen Einwanderer im New Yorker Hafen begrüßt, ist ein Geschenk aus Frankreich. Auf der Weltausstellung in Philadelphia gibt es außer der Entwurfszeichnung des französischen Bildhauers Frédéric Auguste Bartholdi (1834-1904) allerdings lediglich die rechte Hand mit der Fackel zu sehen. 1878 wird in Paris der Kopf der Monumentalskulptur gezeigt und erst 1886 erhält die nun vollständige »Miss Liberty« ihren Platz vor der Südspitze Manhattans.

UNION FRANCO AMERICAINE
LA Liberté
A Bartholdi
A. HAUGER sc
Jules Desprès

43 Konzert im Hauptgebäude der Weltausstellung 1876
Im Hintergrund ist der Stand der Königlichen Porzellanmanufaktur Berlin (KPM) zu erkennen. Er zählt zu den ganz wenigen deutschen Präsentationen, die in Philadelphia uneingeschränkt positiv beurteilt werden. In einigen Quellen wird er sogar als »schönster Einzelstand im Hauptgebäude« bezeichnet. Am Schnittpunkt von Längs- und Querschiff gelegen bildet die Ausstellung der KPM den Auftakt zur deutschen Abteilung.

National-Zeitung gedruckt werden. Gleich im ersten seiner zehn »Briefe aus Philadelphia« schreibt er von einer nicht zu leugnenden Niederlage: »Sie den Landleuten zu verschweigen oder zu bemänteln, wäre gegen die patriotische Pflicht. ... Als Quintessenz aller Angriffe tritt der Wahrspruch auf: Deutschlands Industrie hat das Grundprinzip ›billig und schlecht‹. ... Zweiter Satz: Deutschland weiß in den gewerblichen und bildenden Künsten keine anderen Motive mehr, als tendenziös-patriotische, die doch auf den Weltkampfplatz nicht gehören, und die auch keine andere Nation hingebracht hat. ... Dritter Satz: Mangel an Geschmack im Kunstgewerblichen, Mangel im Fortschritt im rein Technischen.« Diese provokant formulierten Äußerungen entfachen einen Disput in der deutschen Presse. Auch wenn mehrere Zeitgenossen Reuleaux mangelndes Urteilsvermögen vorwerfen, da er sich als Ingenieur und Professor für Maschinenbau an der Berliner Gewerbeakademie, der späteren Technischen Universität, lediglich mit technischen Fragestellungen auskenne, steckt natürlich auch ein gewisses Quäntchen Wahrheit hinter dem Ganzen. So ist im Vorwort des bereits im April 1876 erscheinenden Amtlichen Kataloges der »Deutschen Abteilung« zu lesen, es müsse darauf verzichtet werden, in Philadelphia ein vollständiges Bild der deutschen Kunst und Industrie zu geben. Weiter heißt es: »Neben der allgemeinen wirthschaftlichen Situation, wirkten die rasche Folge großer internationaler Ausstellungen, die Entfernung des Ausstellungsortes und die gleichzeitig in Europa, insbesondere in London, Brüssel und München stattfindenden Ausstellungen nachtheilig auf die Betheiligung Deutschlands. Wichtige Zweige des deutschen Kunst- und Gewerbefleißes sind so gut wie gar nicht vertreten und auch diejenigen, von denen die Ausstellung verhältnißmäßig am zahlreichsten beschickt ist, zeigen erhebliche Lücken.« Nicht von ungefähr reist Georg Seelhorst, Sekretär am Bayerischen Gewerbemuseum zu Nürnberg, nach seinem Besuch in den USA im Verlauf der Jahre 1876 und 1877 durch Bayern und hält in 43 Städten Vorträge über »Die Philadelphia-Ausstellung und was sie lehrt.« Die deutsche Kunstindustrie – und nicht nur sie – hat die Weltausstellung 1876 und mit ihr den amerikanischen Markt ganz

44 Preismedaille der Weltausstellung in Philadelphia, 1876. Henry Mitchell, Boston
Die Funktion der Medaille als Auszeichnung ist unschwer zu erkennen: Amerika, personifiziert als weibliche Figur in antikisierendem Gewand, hält als Preisrichterin einen Lorbeerkranz in der rechten Hand. Sie umgebende Gegenstände symbolisieren Industrie, Kunst und Handwerk. Ein umlaufendes Band mit 38 Sternen und vier Medaillons weist auf die Vereinigten Staaten als Gastgeber und (oben im Uhrzeigersinn beginnend) die Erdteile Amerika, Afrika, Asien und Europa als Teilnehmer an der Weltausstellung

offensichtlich nicht ernst genug genommen. Vor allem diese Fehleinschätzung hat zu dem wenig ausgewogenen Angebot geführt und infolgedessen zu einem über Jahre schlechten Ruf der deutschen Industrieprodukte in Amerika. Das berühmte »Made in Germany«, mit dem ab dem Jahr 1887 laut britischem Handelsgesetz (»Merchandise Mark Act«) sämtliche aus Deutschland nach England – und in die Vereinigten Staaten – importierten Produkte gekennzeichnet werden müssen, ist insofern auch als »Warnhinweis« für die Käufer zu verstehen. Dass es später zu einem Zeichen für besonders hohe Qualität werden sollte, daran hat zu diesem Zeitpunkt noch keiner denken können. Und da wir gerade beim Begriff »Qualität« sind: völlig absprechen kann man sie den deutschen Ausstellern natürlich nicht, wenn sie sich auch dem amerikanischen Besucher in erster Linie in Form von leiblichen Genüsse darbietet. Denn: »Mit seinem Weinbau steht Deutschland unübertroffen da. Auf der Ausstellung war es namentlich der Rheingau, der durch die edelsten Arten seiner Rebenprodukte glänzt. ... Und wie die Ausstellung des deutschen Weinbaus so fand auch die des deutschen Braugewerbes volle und verdiente Anerkennung. Beiden hatte man einen Platz unmittelbar am Eingange der Ackerbauhalle eingeräumt, und beide zeichneten sich auch äußerlich durch eine vortheilhafte geschmackvolle Arrangirung aus.« Selbst ein Urteil bilden kann man sich dann in »Lauber's German Restaurant«, einem beliebten Treffpunkt im Fairmount Park. Als Inbegriff deutscher Lebensart werden hier Kalbsfrikassee, Kalbskopf, Hühnerleber, Kartoffeln jeglicher Art, Puddings und Kuchen angeboten. Hoch gelobt und vielfach in Reiseführern empfohlen munden diese Gerichte offenbar nicht nur den deutschstämmigen Amerikanern.

Paris 1878
»Exposition universelle de 1878, Paris«

Elf Jahre sind vergangen seit der letzten Pariser Weltausstellung im Jahre 1867, dreiundzwanzig seit der von 1855. Ungeachtet der Tatsache, dass Frankreich wie die übrigen europäischen Länder in den 1870er Jahren finanziell relativ schlecht gestellt ist, setzt es den regelmäßigen Zyklus seiner Universalausstellungen fort. Unter dem Präsidenten der Dritten Republik, Marie Edme Patrice Maurice Comte de MacMahon (1808-1893), wird im April 1876 ihre Durchführung beschlossen. In dieser Hinsicht demonstriert das »neue« Frankreich Kontinuität gegenüber dem untergegangenen Kaiserreich. Möglicherweise will man beweisen, dass man es »besser« kann als die Vorgänger und nach wie vor als Großmacht nicht zu unterschätzen ist, trotz des verlorenen Krieges gegen Deutschland (1870/71), trotz der enormen Reparationszahlungen, trotz der innenpolitischen Spannungen.

45 Blick auf das Pariser Weltausstellungsgelände von 1878
Für die dritte Universalausstellung werden das Marsfeld und der auf der jenseitigen Seineseite gelegenen Trocadéro-Hügel genutzt. Streng achsial ausgerichtet liegen das »Palais de l'Industrie«, das eigentliche Hauptgebäude der Ausstellung, und der Trocadéro-Palast einander gegenüber. Eine Verbindung zwischen beiden Areale schafft der »Pont d'Iéna«.

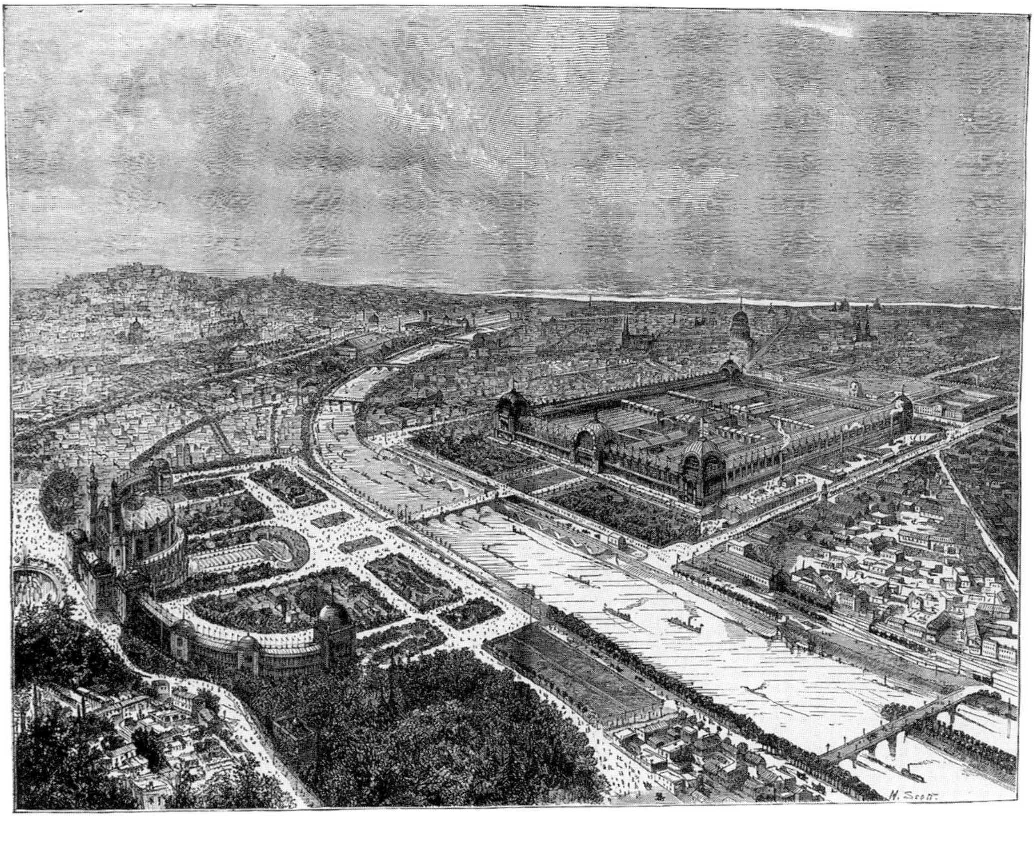

Bei einer nur knapp zweijährigen Vorbereitungszeit sind Komplikationen und Zeitverzögerungen allerdings vorprogrammiert. Das bewährte Marsfeld und zusätzlich der am gegenüberliegenden Seine-Ufer ansteigende Trocadéro-Hügel sind das Spielfeld für die aktuelle Weltausstellung. Auf der Anhöhe wird als bleibendes Bauwerk – zumindest bis zu seinem Abriss im Jahre 1937 – der sogenannte Trocadéro-Palast errichtet. Am Rande des eigentlichen Ausstellungsgeländes und zugleich einen krönenden Blickfang bildend ist er von Anfang an für Nebenveranstaltungen wie Konzerte, Kongresse, Empfänge, Feste u. ä. geplant. 1878 beherbergt er zusätzlich eine Retrospektive zum französischen Kunsthandwerk bis 1800. Architektonisch ist der nach Plänen von Jules D. Bourdais (1835-1915) und Gabriel J. A. Davioud (1823-1881) errichtete Rundbau eine wilde Mixtur aus dem römischen Kolosseum, der zeltförmigen Kuppel der Wiener Rotunde von 1873, maurischen Gebetstürmen und zwei neobarocken Seitenflügeln mit Wandelgängen. Als technische Besonderheiten des Trocadéro gelten seine 4.000 elektrischen Bogenlampen, die den Palast in strahlendes Licht setzen, sein hydraulischer Fahrstuhl und seine eingebaute Anlage zur Kühlung der Luft.

Das eigentliche Hauptgebäude der Weltausstellung, das »Palais de l'Industrie«, befindet sich auf dem Marsfeld. Sein Architekt, Léopold Hardy (1829-1894) hat es zur Seine hin ausgerichtet, in strenger Symmetrie zum »Pont d'Iéna« und zum Trocadéro-Palast. In der Mitte der 346 m breiten, repräsentativen Fassade liegt der mit einer Kuppel bekrönte Haupteingang. Die vier Ecken des immerhin

46 Mittlerer Eingang zum Hauptgebäude der Pariser Weltausstellung 1878
Der mit einer Kuppel bekrönte Haupteingang zum »Palais de l'Industrie« liegt genau mittig in jener 346 m langen Fassade, mit der der Ausstellungspalast zur Seine hin geschmückt ist. Erst vom Trocadéro-Hügel aus kann der Besucher die Pracht und die Größe des Gebäudes in seiner Gesamtheit erfassen.

47 Die »Rue des Nations« der Weltausstellung 1878
Die »Rue des Nations« im Innenhof des Industriepalastes entpuppt sich als wahrer Publikumsmagnet auf der Pariser Weltausstellung des Jahres 1878. Dicht an dicht stehen an der Südseite des Hofes Fassadenabschnitte in buntgemischter Folge nebeneinander. Sie bilden zugleich die Eingänge zu den Ausstellungsbereichen der jeweiligen Länder.

706 m langen Gebäudes werden durch Pavillons betont. In Längsrichtung ist der Industriepalast in nebeneinanderliegende Hallen unterteilt die durch breite, überdachte Gänge miteinander verbunden sind. Aus bautechnischer Sicht ist die »Galerie des Machines« hervorzuheben. Hier ist es dem französischen Ingenieur Henry de Dion (1828-1878) erstmals gelungen, in Skelettbauweise eine Spannweite von 35 m bei einer Höhe von 25 m zu überwinden, ohne dass zusätzliche Konstruktionsglieder wie Zugbänder, Widerlager u. ä. notwendig werden. Ausschlaggebend ist die Dachkonstruktion: Sie gleicht in der Form einem umgekehrten Schiffsrumpf, wodurch alle auftretenden Kräfte direkt in das Fundament abgeleitet werden. Hinsichtlich der Einteilung in Sektionen hat das Le Play'sche Klassifikationssystem von 1867 nach Meinung der Franzosen nach wie vor seine Berechtigung. Als zu kompliziert beurteilt man jedoch rückblickend das arenaförmige Gebäude, zumal sich Schwierigkeiten bei der Veräußerung der Baumaterialien nach Ende der Ausstellung ergeben haben. Also entschließt man sich, das System auf den o. g. rechteckigen Grundriss »umzuplanen«. Die einzelnen Gruppen (9 an der Zahl, unterteilt in 90 Klassen) werden den verschiedenen Hallen zugeordnet. Da die komplette linke Hälfte des Industriepalastes durch französische Aussteller bestückt wird und die rechte Hälfte durch ausländische, wie-

48 Offizielle Erinnerungsmedaille der Pariser Weltausstellung, 1878. Eugène André Oudiné, Paris
Kommissare, Juroren und Mitglieder des Aufbaukomitees erhalten eine Erinnerungsmedaille. Die gewählten Darstellungen lassen allerdings nicht auf ihre Bestimmung schließen. Bis Anfang 1881 werden 7.000 dieser offiziellen Andenken verschickt, gebettet in ein rotes Lederetui. Eine dieser Medaillen erhält der Münchner Bildhauer und Architekt Lorenz Gedon in seiner Funktion als deutsches Kommissionsmitglied.

derholen sich die Gebäudezuordnungen symmetrisch zu beiden Seiten eines langgestreckten Innenhofs. Links beginnend beherbergen die acht Hallen französische Maschinen, Rohprodukte, Fabrikate sowie Kunsthandwerk und – jenseits des Innenhofes mit seinen zwei Kunsthallen und dem Pavillon der Stadt Paris – in entgegengesetzter Reihenfolge Kunsthandwerk, Fabrikate, Rohprodukte und Maschinen der fremden Nationen. Geht der Besucher also in der Längsachse durch eine Halle, so sieht er alle Ausstellungsgegenstände zu ein und demselben Thema. Will er sich länderweise orientieren, so muss er quer zur Hauptachse laufen.

Wie zu erwarten, sind jedoch bei der Eröffnung große Teile sowohl der Bauten als auch der Ausstellung noch unvollendet. Zahlreiche Sendungen der Aussteller sind noch nicht einmal auf dem Gelände angekommen. Auch die für den 1. Mai 1878 vorgesehene offizielle Eröffnungsfeier leidet unter den nicht eingehaltenen Terminen: eigentlich soll sie im zentralen Festsaal des »Trocadéro« stattfinden, muss jedoch in Nebenräume verlegt werden.

Auf Nationenpavillons, wie in den vorausgehenden Weltausstellungen reichlich vorhanden, wird diesmal weitestgehend verzichtet, auf landestypische Architekturzitate hingegen nicht. Zum besonderen Anziehungspunkt entwickelt sich die »Rue des Nations«. Diese Bezeichnung ist etwas irreführend, da es sich nicht um eine Straße im eigentlichen Sinne handelt. Vielmehr befindet sich die Anlage im Innenhof des Industriepalastes und besteht aus einer Aneinanderreihung von Einzelgebäuden bzw. -fassaden, die die südliche Hofseite schmücken. Den Nationen wurde hier die Möglichkeit gegeben, dem Zugang zu ihrem jeweiligen Ausstellungsareal einen individuellen, repräsentativen Charakter zu verleihen. Auf diese Weise entsteht eine bizarre Abfolge von Bauformen und Baustilen. In »Grieben's Reise-Bibliothek No 70a«, einem »Praktischen Führer durch die Weltausstellung 1878« ist zu lesen: »Dieselbe [i. e. ›Rue des Nations‹, d. Verf.] beginnt mit einem holländischen Renaissancebau in Back- und

Werkstein. Portugal hat einen Porticus des Klosters Belem mit reichem Bildwerk, Luxemburg und San Marino Theile der Portale ihrer Rathäuser, Dänemark einen Giebel in Renaissancestil mit farbigen Marmorsäulen, Griechenland eine in lebhaften Farben prangenden antike Façade, Belgien einen großartigen Rathhaus- oder Pallastbau, Renaissancestil, Backstein, Haustein und Marmorsäulen, Russland ein hölzernes Haus mit stilvoller Laubsäge-Arbeit, das sich auseinander nehmen läßt. Österreich ist durch eine offene Säulenhalle vertreten. Spanien hat im Mittelstück des Erdgeschosses die Alhambra von Granada, darüber im ersten Stockwerk den Alcazar von Sevilla nachgeahmt. An den beiden Eckpavillons ist im Erdgeschoß der Stil von Toledo, darüber der von Valencia zur Anwendung gekommen. Dazwischen, bis zum Mittelstück, ist das Erdgeschoß in Corduanischen, das obere Stockwerk in Murcianerstil gehalten. Sehr interessant ist das äußerlich wenig ansehnliche chinesische Haus, noch mehr jedoch der viel freundlicher aussehende japanische Holzpalast, genau das herrschaftliche Haus eines Edlen darstellend. Italien hat ein reiches Patrizierhaus mit reichem Bilderschmuck, Schweden-Norwegen stilgerechte schöne Holzhäuser, die Vereinigten Staaten eine etwas fremdartig aussehende Façade, während England fünf verschiedene stilvolle Gebäude aufführt. Zu all diesen Gebäuden ist das Material in den betreffenden Ländern vollständig bearbeitet und zugerichtet worden, so daß man dieselben hier nur aufzurichten brauchte.« Dieses Architektur-Konglomerat aus aller Herren Länder zeigt, wie groß die Welt im Bewusstsein des späten 19. Jahrhunderts geworden ist. Jedoch findet die »Rue das Nations« längst nicht nur Befürworter. Deutliche Kritik äußert Julius Lessing: »Diese Façaden, von denen die der kleineren Länder kaum breiter sind, als ein anständiges Wohnhaus, stoßen hart an einander, griechischer Klassizismus neben russischem Holzbau, chinesischer Farbenaufputz neben belgischem Marmor, jede Façade in anderen Formen und Verhältnissen, nicht durch die leiseste Schranke getrennt, so daß die zum Theil sehr kostbaren und interessanten Arbeiten, die auf besonderen Pavillons in einem Park verwendet ... der Ausstellung zum höchsten Schmuck hätten gereichen können, in der jetzigen Verwendung ein abgeschmacktes und lächerliches Bild abgeben, in welchen jeder Theil von dem anderen erdrückt wird.« Vermutlich unbewusst steuert dieser Kritik der von W. H. Uhland herausgegebene »Illustrirte Katalog« der Pariser Weltausstellung entgegen. Seinem ausführlichen und sehr positiven Bericht über die »Rue des Nations« fügt er nämlich Bebilderungen bei, auf denen die Gebäude ohne die dahinterliegenden Hallen und ohne die Nachbarbebauung dargestellt sind.

Das Deutsche Reich lehnt eine Teilnahme an der »Exposition universelle« übrigens ab. Aus politischen Gründen drängt Otto von Bismarck (1815-1898) zu diesem Schritt und belastet damit zusätzlich das ohnehin schon angespannte deutsch-französische Verhältnis. Als die diplomatischen Beziehungen sich gerade etwas günstiger gestalten, erklärt man sich in wahrhaft letzter Minute noch bereit, zumindest die Kunstabteilung zu bestücken. Anton von Werner (1843-1915) stellt daraufhin in weniger als zwei Wochen die Exponate zusammen, und der Münchner Künstler Lorenz Gedon (1843-1883) richtet die Präsentation in Paris »auf das Geschmackvollste« her.

Über 50.000 Aussteller, gut zwei Drittel davon aus Frankreich, und mehr als 12 Millionen Besucher sind das Fazit der dritten Weltausstellung in Paris – ein Ergebnis, das sich sehen lassen kann. Über das Defizit von 28 Millionen Francs, für das der französische Staat aufkommen muss, schweigt man lieber. Parallel zur »Exposition universelle« finden

49 Klapptisch aus Hindeloopen/NL

Mit ihrer Präsentation auf der Weltausstellung 1878 wird die »Hindeloopener Stube« zu einem Symbol für niederländische Identität und Tradition. In Paris sieht der Besucher ein komplett mit Schränken, Tischen, Stühlen und einer Wiege eingerichtetes Zimmer, das mit Trachtenfigurinen »belebt« ist. In der Folge setzt eine Musealisierung ein: Als DAS volkskundliche Interieur der Niederlande schlechthin, hält Mobiliar aus Hindeloopen schlagartig Einzug in eine Vielzahl europäischer Volkskundesammlungen.

50 Kleiner Schmuckschrank, 1877/78.
Johann Zignah (Ebenist) und Paul Soyer (Emailleur), Paris
Erworben im Anschluss an die Pariser Weltausstellung bei dem Emailleur Paul Soyer gelangt der kleine Schmuckschrank 1878 in die Sammlung des »Bayerischen Gewerbemuseums« zu Nürnberg. Das ebenholzfurnierte Möbel ist mit Silbermasken, Elfenbeineinlagen und vor allem mit Emailplatten geschmückt, die ihre Vorbilder aus der Schule von Limoges (spätes 16. Jahrhundert) an Feinheit und Eleganz weit übertreffen.

32 zumeist internationale Kongresse zu den unterschiedlichsten Themen statt, von der Wahrung der Frauenrechte bis zur Statistik, vom Umgang mit entlassenen Strafgefangenen bis zur Tagung des französischen Alpenvereins. Überhaupt wird Kultur ganz groß geschrieben. Mehr und mehr haben sich die Weltausstellungen von den anfänglichen Industrieschauen zu überwiegend kulturell geprägten Ereignissen gewandelt. Immer seltener präsentiert die Industrie neue Erfindungen. Der einst so wichtige Gedanken- und Informationsaustausch dieser Branchen vollzieht sich mittlerweile in Fachveranstaltungen bzw. in Fachpublikationen. Die Universalausstellungen wenden sich zunehmend an das Laienpublikum, wollen Bildung und Kultur vermitteln. Hinzu kommt die Kritik der Aussteller: zu häufig, zu weit entfernt und vor allem zu teuer sei diese Art des »Nationenvergleichs«. Überlebt haben sich die Weltausstellungen damit aber noch lange nicht! Ganz im Gegenteil: in den 1880er Jahren finden sie in immer kürzeren Zeitabständen statt, diesmal nicht nur in Europa sondern – man höre und staune – allein dreimal in Australien.

1879 und 1880 dreht sich alles um Australien. Ungewöhnlich ist die Austragung von drei Weltausstellungen innerhalb eines Jahres, zumal wenn die Gastgeber (zumindest aus mitteleuropäischer Sicht) so nah beieinander angesiedelt sind. Der Grund hierfür dürfte jedoch ein durchaus menschlicher sein: Eifersucht! 1878 ist von der Organisation einer Ausstellung in Melbourne die Rede. Als dies in der Kolonie New South Wales bekannt wird, geht alles sehr schnell: Hier ist man der Meinung, dass es Sydney als der älteren von beiden Städten allein schon aus Prestigegründen zustehe, die erste Weltausstellung auf dem fünften Kontinent zu veranstalten. Innerhalb nur eines Jahres werden im Eiltempo überwiegend aus Holz, Wellblech und Glas bestehende Gebäude errichtet. Immerhin schafft man es, zur Eröffnung weitgehend fertig zu sein. Ihren Schwerpunkt hat die **»Sydney International Exhibition«** (September 1879 bis April 1880) in der Landwirtschaft. Mit 1,1 Millionen Besucher innerhalb von sieben Monaten erringt man zumindest einen Achtungserfolg. Wichtiger ist allerdings die rege Beteiligung von Ausstellern aus den USA, dem Commonwealth und selbst aus Europa. Sogar das Deutsche Reich ist vertreten, das als Leiter seiner Delegation den nun bereits hinlänglich bekannten Franz Reuleaux nach Sydney und Melbourne schickt.

Was Besucher- und Ausstellerzahlen angeht, so läuft die **»International Exhibition of Arts, Manufactures and Agricultural and Industrial Products of all Nations«** (Oktober 1880 bis Mai 1881) in Melbourne ihrer Vorgängerin den Rang ab. Im Mittelpunkt steht diesmal die Industrie. Die Themenverschie-

51 Hauptgebäude der Weltausstellung in Sydney 1879/80
Dem auch als »Gartenpalast« benannten Hauptgebäude der ersten Weltausstellung auf dem australischem Kontinent liegt ein griechisches Kreuz zu Grunde. Eine gewaltige Kuppel mit über 30 m Durchmesser erhebt sich am Schnittpunkt der Kreuzarme. Kuppel, Ecktürme und Fundament bestehen im wesentlichen aus Stein, während man für den Rest des Baus Eisen, Wellblech, Glas und vor allem Holz verwendet.

bung ist sicherlich sinnvoll auf Grund der kurzen Zeit zwischen beiden Veranstaltungen. Allerdings gibt es auch Befürworter dieser unmittelbaren Abfolge, nach deren Meinung sich die lange und kostenintensive Anreise für die Aussteller auf diese Art und Weise eher auszahle.

Auf beiden australischen Weltausstellungen werden, wie auch bei der Dritten, der **»Centennial International Exhibition«** (Melbourne 1888/89), keine weltbewegenden Neuheiten ausgestellt. Ihre Wichtigkeit ist vielmehr an anderen Ergebnissen festzumachen: Zum einen gelingt es den Veranstaltern, die Aufmerksamkeit der Industrienationen auf Australien zu lenken, das sich als noch junges Mitglied in der Weltgemeinschaft zu Wort meldet. Zum anderen wird der Grundstein für Handelsverbindungen vor allem mit Ländern außerhalb des britischen Königreiches gelegt – und Letzteren kann die Eroberung eines neuen Absatzmarktes schließlich nur nützen.

Als nächstes begibt man sich wieder nach Westeuropa. Das immer schneller sich drehende Weltausstellungskarussell kommt in Amsterdam zum Stillstand. Hier findet von Anfang Mai bis Ende Oktober 1883 die **»Internationale Koloniale en Uitvoerhandelstentoonstelling«** statt. Trotz ihres bescheidenen Konzeptes und ihrer lediglich 1,4 Millionen Besucher liefert sie einen wichtigen Beitrag zur Geschichte des Ausstellungswesens. Erstmals baut man nämlich nicht nur ein kleines Kolonialdorf nach, sondern »belebt« dieses sogar, damit auch alles ganz authentisch wird. Die Bewohner, »echte Eingeborene« aus Übersee, werden von den Veranstaltern eigens aus den Kolonien herbeigeholt. Verständlicherweise entpuppt sich dieses – aus heutiger Sicht recht fragwürdige – Spektakel als Glanzpunkt der Veranstaltung. Unweigerlich wird das »Eingeborenen-Dorf« ab 1883 für mehrere Jahrzehnte zum festen Bestandteil der Weltausstellungen. Neu ist auf der Amsterdamer Kolonial- und Außenhandelsausstellung auch, dass die Niederländer bei den präsentierten Industrieprodukten nicht die Herstellung, sondern deren Verkauf in den Vordergrund stellen.

Die weiteren Weltausstellungen der 1880er Jahre sind in Vergessenheit geraten. Man ist sich in der Forschung noch nicht einmal darüber einig, welche der zahlreichen Expositionen tatsächlich als solche eingestuft werden sollen. Antwerpen (1885), Barcelona (1888) und Brüssel (1888) sind hier wohl am ehesten zu nennen, stehen aber – wie alle übrigen auch – bereits im Vorfeld im Schatten der großen Pariser Ausstellung von 1889. Spätestens seit 1885 ahnt man, dass diese erneut alles Vorausgehende übertreffen wird. Und man hat auch einen ganz konkreten Grund für diese Ahnung: der aufmerksame Besucher der **»Exposition universelle d'Anvers«** (Antwerpen 1885) findet am französischen Stand Architekturpläne für einen 300 m hohen Turm, der noch Geschichte machen wird.

52 Klavier, nach 1889. Julius Blüthner, Leipzig
Die »Königlich Sächsische Hof-Pianoforte-Fabrik Julius Blüthner« aus Leipzig scheut weder Kosten noch Mühen, um mit ihren Flügeln und Pianinos auf den Weltausstellungen präsent zu sein. In regelmäßiger Folge stellt die Firma seit 1867 aus, gleichgültig ob in Europa, den Vereinigten Staaten oder gar auf dem australischen Kontinent.

53 Firmenschild, Detail vom Klavier der Firma Julius Blüthner, nach 1889
Dieses im Inneren des Klaviers angebrachte Firmenschild zeigt wie erfolgversprechend es zu sein scheint, mit verliehenen Auszeichnungen zu werben. Die Firma Julius Blüthner erlangte auf der Pariser Universalausstellung des Jahres 1867 einen ersten Preis, ebenso in Wien, Philadelphia, Amsterdam und auch auf allen drei australischen Weltausstellungen.

Paris 1889
»Exposition universelle de 1889, Paris«

Für Frankreich ist das Jahr 1889 ein Jubiläum. 100 Jahre zuvor fand am 14. Juli die Erstürmung der Bastille statt, die den Beginn der großen Revolution von 1789 markierte. Auch wenn man sich unter den Organisatoren der vierten Pariser Weltausstellung zunächst nicht ganz einig ist, ob man sinnvollerweise mit diesem Ereignis werben soll – einmal ins Spiel gebracht, führt die Idee zu erheblichen Konsequenzen. Eine positive Folge ist die temporäre Rekonstruktion des Bastille-Viertels und damit die Erinnerung an die eigene Geschichte. Eine negative Folge ist die geringe Beteiligung des Auslandes an der »Exposition universelle«. Vielleicht hätte man doch besser bei dem zwischenzeitlichen Plan einer nationalen Schau für das Jahr 1889 bleiben sollen. Denn wenn man sich die Namen der Aussteller ansieht, wäre die Bilanz vermutlich nicht viel anders ausgefallen: Von den mehr als 61.000 Ausstellern reisen nur etwa 7.000 aus dem Ausland an. Verschiedene Nationen sagen ihre Teilnahme sogar gänzlich ab. Zu ihnen zählt auch

54 Blick auf das Marsfeld während der Weltausstellung von 1889
Für die Ausstellung des Jahres 1889 werden auf dem Marsfeld durchgehend neue Bauten errichtet. Das Ausstellungsgebäude ist wiederum symmetrisch angelegt mit der monumentalen Maschinenhalle als abschließendem Querblock, dem ihr vorgelagerten Haupteingang und den beiden seitlichen Flügeln. Im Mittelpunkt des Interesses steht diesmal allerdings ein singuläres und aufsehenerregendes Bauwerk: der Eiffelturm.

55 Javanische Tanzgruppe in Paris, 1889
Auf der Pariser Ausstellung von 1889 wird den Kolonien und ihren Bewohnern große Aufmerksamkeit zuteil, denn der Reiz des Fremden ist übergroß. Neben vielem anderen ist auch eine aus Java »importierte« Tanzgruppe zu sehen. Von den exotischen Klängen ihrer Musik lässt sich beispielsweise der berühmte Komponist Claude Debussy inspirieren, der seine Eindrücke in dem 1903 vollendeten Zyklus »Estampes« verarbeitet.

56 Erinnerungsmedaille der Pariser Weltausstellung, 1889. Charles Trotin, Paris
Im Zentrum der Medaille steht der 300 m messende Eiffelturm, umgeben von den höchsten Bauwerken der Welt. Sie sind allesamt mit Maßen spezifiziert. Von links nach rechts sind zu erkennen: der Invalidendom (105 m) und Notre Dame (66 m) in Paris, der Kölner Dom (159 m), die Cheops-Pyramide (146 m), die Pariser Oper (56 m), der Obelisk in Washington (169 m), der Petersdom in Rom (132 m), der Pariser »Arc de Triomphe« (45 m), die Kathedrale von Rouen (150 m) und das Pantheon (83 m). Die Inschrift auf der Rückseite der Medaille weist auf ihre Eigenschaft als Souvenir hin, wobei der Tag der Eiffelturm-Besteigung individuell eingraviert werden kann.

das deutsche Reich, das seine Separationspolitik gegenüber Frankreich hiermit unterstreichen will. Dass dennoch 71 deutsche Firmen als inoffizielle Teilnehmer in Paris präsent sind – unter anderem so zukunftsweisende Erfinder wie Carl Benz (1844-1929) mit seiner aktuellen Version des 1886 entwickelten dreirädrigen Motorwagens und Gottlieb Daimler (1834-1900) mit seinem neuen Stahlradwagen – wird wohl an deren Wunsch nach einem internationalen Podium liegen. Schließlich verzichtet niemand gern auf ein weltweites Publikum und eine internationale Werbung!

Zentrum des Ausstellungsgeländes bilden wie 1878 der Trocadéro-Hügel und das Marsfeld. Neu hinzugenommen werden Teile des südlichen Seine-Ufers für die Hallen der Landwirtschaft, der Ernährung und der Schifffahrt. Dieses Areal schafft zugleich die Verbindung zu der flussaufwärts gelegenen »Esplanade des Invalides«. Auf diesem Gelände, das dem Weltausstellungsareal von 1855 genau gegenüber liegt, richtet man eine Kolonialausstellung ein. Sie setzte sich aus dem sogenannten Kolonialpalast als repräsentativem Mittelpunkt und diversen translozierten Häusern und kompletten Dörfern (samt Bewohnern) aus den französischen Überseegebieten zusammen. Wieder einmal wird das Fremde zum Anziehungspunkt für die neugierigen Besucherscharen. Und ganz nebenbei kann die französische Regierung auch noch ihre Kolonialansprüche bekräftigen.

Bis auf den Trocadéro-Palast werden durchgehend neue Gebäude errichtet. Am umstrittensten sind die Bauten auf dem im Vergleich zu 1878 deutlich vergrößerten Marsfeld-Areal. Seine Bebauung gleicht im Grundriss einem eckigen »U«, das sich zur Seine hin öffnet. Im hinteren Bereich, der »Ecole militaire« am nächsten, liegt die Maschinenhalle. Es schließt sich die Große Galerie mit dem Haupteingang und den beiden seitlichen Flügeln an. Nach vorn verlängert werden letztere durch das »Palais de Beaux-Arts« mit den Gemälden und Skulpturen im Nordosten und das »Palais des Arts Libéraux« im Südwesten. Genau in der Achse zwischen dem Trocadéro-Palast und dem zentralen Eingang zum Hauptgebäude liegt als Clou der diesjährigen

57 Maschinenhalle der Pariser Universalausstellung von 1889
Die »Galerie des Machines« von 1889 bildet den Höhe- und zugleich Endpunkt im Eisenskelettbau des 19. Jahrhunderts. Die sichtbar belassenen Konstruktionsglieder haben endgültig eine eigenständige Form gefunden. Sie selbst avancieren zum Gestaltungselement. Auf dekorative Applikationen wird weitestgehend verzichtet.

L'ILLUSTRATION

58 Preismedaille der Pariser Weltausstellung, 1889. Louis Alexandre Bottée, Paris
In förmlich letzter Minute stellt die Ausstellungskommission Gelder bereit, um den in Form von Urkunden verliehenen »Großen«, »Ersten«, »Zweiten« und »Dritten Preisen« sowie den »Ehrenvollen Erwähnungen« eine Medaille beifügen zu können. Ausschließlich in Bronze ausgeführt wird sie an mehr als 33.000 Beteiligte verliehen. Da Deutschland aus politischen Gründen auf eine Teilnahme an der Weltausstellung verzichtet, geht es bei dem wahren »Auszeichnungsregen« leer aus.

Weltausstellung ein überdimensionales Gebilde aus Eisen: der Eiffelturm!

Heute ist er als Wahrzeichen von Paris nicht mehr wegzudenken. Damals ruft er, wie alles Neue, heftige Proteste hervor. Von einer Verschandelung der ganzen Stadt wird gesprochen, von einem unnützen, ja sinnlosen Bauwerk, dem ausschließlich merkantile Ziele zugrunde liegen. Aus heutiger Sicht zeigt diese öffentliche Diskussion ganz einfach das Aufeinanderprallen einer traditionellen und einer progressiven Architekturauffassung. Ansätze zu einer neuen technischen Ästhetik gibt es wie mehrfach beschrieben schon lange, doch war diese noch nie in einer derartigen Radikalität spürbar wie beim Eiffelturm. Dabei begann alles ganz friedlich. Schon geraume Zeit spukt die Idee von einem 1.000 Fuß hohen Turm in den Köpfen der Ingenieure. Bereits 1851 stellt man entsprechende Überlegungen im Zusammenhang mit der Demontage des Londoner Kristallpalastes an. Zur Weltausstellung in Philadelphia kommt das Thema erneut auf: man will 1876 eine entsprechend hohe Säule als Denkmal für die Unabhängigkeit der Vereinigten Staaten errichten. Doch auch dieses Projekt wird verworfen. In den 1880er Jahren schließlich ergreifen in Paris die heute völlig unbekannten Ingenieure Maurice Koechlin (1856-1946) und Emile Nouguier die Initiative. Für die Weltausstellung 1889 wollen sie ein spektakuläres Bauwerk errichten, etwas ganz Neues. Die Grundidee ist schnell fixiert: Ein über 300 m hoher Pylon aus vier Eisengitterpfeilern, die sich zueinander neigen und in einer gemeinsamen Spitze enden. Allerdings stoßen die beiden Mitarbeiter des Metallbauunternehmens »Eiffel & Cie.« auf Ablehnung, als sie ihrem Vorgesetzten die Pläne vorstellen. Erst nach einer Überarbeitung unter Mitwirkung des Architekten Stéphen Sauvestre (1847-1910), bei der drei waagerechte Plattformen und vier Bögen am Fuße des Turmes eingefügt werden, stimmt Gustave Eiffel (1832-1923) als Chef des Unternehmens zu. Er beantragt ein Patent, macht das Projekt publik und drängt anschließend die eigentlichen Urheber so sehr an den Rand, dass letzten Endes er selbst als der Erbauer des »Tour d'Eiffel« in die Annalen eingeht, noch bevor der erste Spatenstich für das Fundament getan ist. Danach läuft alles in einer atemberaubenden Geschwindigkeit ab. In nur 26 Monaten wird der Eiffelturm im wahrsten Sinne des Wortes »hochgezogen«. Bereits am 31. März 1889, mehr als ein Monat vor der Eröffnung der Weltausstellung, wird er eingeweiht. Schon nach wenigen Wochen wirft er einen finanziellen Gewinn ab. Niemand will es sich nehmen lassen, das Wunderwerk aus der Nähe zu bestaunen, in einem der Restaurants auf den verschiedenen Plattformen zu speisen oder sogar, ganz waghalsig, die 300m Höhenunterschied nicht zu Fuß sondern mit einem Fahrstuhl zurückzulegen!

Dass diese Weltausstellung als Höhepunkt des Eisenbaus angesehen werden kann, davon zeugen auch die beiden Kunstpaläste und die Maschinenhalle. Beim »Palais des Beaux-Arts« und dem »Palais des Arts Libéraux« verbergen allerdings – wie so häufig – Steinfassaden die konstruktiven Teile. Anders sieht das bei der 423 m langen Maschinenhalle aus, die die gesamte Breite des Marsfeldes einnimmt. Mit einer Spannweite von 110 m und einer Höhe von 45 m übertrifft ihre Eisenkonstruktion die ihrer Vorgängerbauten von 1867 und 1878 bei weitem. Der Architekt Charles Louis Ferdinand Dutert (1845-1906) und der Ingenieur Victor Contamin (1840-1893) arbeiten Hand in Hand: Das Grundskelett der riesigen Halle besteht aus zwanzig paarweise gegenüberstehenden Bindern, die im Scheitel durch einen Bolzen miteinander verbunden sind. Besonders erwähnenswert sind die Fußpunkte dieser Binder: sie verjüngen sich nämlich zu kleinen, als Gelenke ausgebildeten Auflagern – ein aus dem Brückenbau bekanntes Prinzip. Damit scheint die Konstruktion schwerelos zu werden. Nichts deutet auf das enorme, auf die Fundamente abgeleitete Gewicht hin (aus Kostengründen verwendet man immerhin Gusseisen und nicht Stahl). Der Eindruck von Leichtigkeit wird zudem von der größtenteils aus 5 mm dickem Glas bestehenden Außenhaut unterstrichen, bei der Wand und Dach übergangslos aufeinander folgen. Doch nicht nur der Raumeindruck und die gewaltigen Dimensionen werden die Zeitgenossen beeindruckt haben. Neu sind auch die Proportionen der Maschinenhalle. Denn waren bei der Mittelhalle des Londoner Kristallpalastes Höhe und Breite etwa gleich, so beträgt die Breite der Pariser Maschinenhalle 1889 mehr als das Doppelte im Verhältnis zur Höhe. Wie sehr Konstruktion und Form dabei miteinander verschmelzen, lässt sich an der Querfassade ablesen. Die gewaltigen Binder, die den Innenraum beherrschen und den Raumeindruck prägen, setzen sich bis in die Außenfassade fort, wo auf eine dekorative Schaufront verzichtet wird. Ob die Besucher der Weltausstellung darin allerdings den gleichen ästhetischen Reiz empfinden wie ein heutiger Betrachter von Fotos der 1910 abgerissenen Maschinenhalle, bleibt dahingestellt. Positiv hervorgehoben werden in der zeitgenössischen Kritik neben der Zweckmäßigkeit bzw. der Größe der »Galerie des Machines« vor allem ihre Kühnheit in konstruktiver Hinsicht.

59 Die »Rue de Caire« der Weltausstellung 1889
Gleich ein ganzer Straßenzug von Kairo wird für die Pariser Ausstellung von 1889 nachgebaut. Möglichst authentisch soll das Ganze sein, und so holt man auch 160 Ägypter in die französische Metropole, die für die Zeit der Weltausstellung in der »Rue de Caire« wohnen und arbeiten. Sie sollen dazu beitragen, dass sich der Besucher »wie im richtigen Orient« fühlt.

Eine wahre Inflation gibt es bei der Anzahl der verliehenen Medaillen. Von Weltausstellung zu Weltausstellung hat sich ihre Zahl vermehrt, und diesmal übertrifft man mit 33.000 Auszeichnungen alle Rekorde: Rein rechnerisch wird jeder zweite Aussteller bedacht – und das bei der nur sehr geringen ausländischen Beteiligung! Zwar nimmt man eine Vereinfachung vor, indem die Gruppe der Künste mit in die allgemeine Beurteilung einbezogen sind, doch entschließt man sich zu einer fünffachen (!) Abstufung. Um Geld zu sparen und gleichzeitig eine breite Streuung der Preise zu ermöglichen, plant man zunächst, lediglich schriftliche Urkunden zu verleihen. Für die Aussteller dürfte dies keinen großen Unterschied gemacht haben. Ihnen kommt es ja bekanntermaßen mehr auf die Auszeichnung selbst als auf deren materiellen Wert an. Dass alle zum Schluss dann doch noch zusätzlich eine Medaille (aus Bronze) in den Händen halten dürfen, liegt an einer kurzfristigen Planänderung der Ausstellungskommission, die sich wohl doch nicht lumpen lassen will. Um den rechtzeitigen Abschluss der Juryarbeiten zu gewährleisten, entscheidet man sich diesmal übrigens wieder zu einem sehr späten Termin für die Preisverleihung. Sie findet erst am 29. September statt, gut einen Monat vor dem geplanten Ausstellungsende.

Trotz der starken Ausprägung des »jahrmarktmäßigen Elements«, wie Julius Lessing rückblickend schreibt, ist es auch Ziel dieser neuesten Universalausstellung, neben Unterhaltung und Amüsement Wissen und Bildung anschaulich zu vermitteln. Dass hierbei das Kongresswesen eine wichtige Rolle spielt, braucht man kaum noch zu erwähnen. Lediglich die Zahl mag noch interessant sein: mit 69 derartigen Veranstaltungen steht man selbstverständlich an Platz 1 der Rangliste bisheriger Weltausstellungen. Andererseits geschieht Wissensvermittlung – wenn auch sicher tendenziös – durch die erwähnte Kolonialausstellung oder den Aufbau eines orientalischen Viertels, der »Rue de Caire«. Die Konstruktion eines gesamten Straßenzuges aus Stilelementen der ägyptischen Hauptstadt Kairo lässt den Weltausstellungsbesucher mitten auf dem Marsfeld in die Welt des Orients eintauchen. Um einen möglichst authentischen Eindruck zu vermitteln, beleben 160 Ägypter in folkloristischer Kleidung die Straße bzw. führen traditionelles Handwerk vor. Beides, die Kolonialausstellung und die »Rue de Caire«, konfrontiert die Besucher mit »fremden Welten« und nutzt ihre Neugierde als Ansatzpunkt für eine Horizonterweiterung. In eine ähnliche Richtung führt eine Sonderausstellung zum Thema »Haus und Wohnen«. Unter dem Titel »L'Histoire de l'Habitation Humaine« errichtet der renommierte Architekt Charles Garnier (1825-1898), zugleich Schöpfer des Pariser Opernhauses, nahe der Seine 50 Häuser oder besser Behausungen im Maßstab 1:1. Dieser »Parcours Garnier« demonstriert den Reichtum der Baugeschichte und die veränderten Wohnverhältnisse der Menschen von der Steinzeit bis zur Gegenwart. Damit auch niemand diese »Schau« übersieht, platziert man sie ganz geschickt rund um den Eiffelturm, dem Publikumsmagneten schlechthin.

Mit dem Tag der Schließung der Weltausstellung, dem 6. November 1889, kann die französische Republik und mit ihr ihr Präsident Sadi Carnot (1834-1897) in jeglicher Hinsicht einen Erfolg feiern. Haben die Anhänger der Republik im September des Jahres bereits auf nationaler Ebene einen erneuten Wahlsieg errungen, so bringt ihnen die »Superschau« auf internationalem Parkett Anerkennung. Und nicht zuletzt haben es die Franzosen wieder einmal geschafft, auch einen finanziellen Gewinn zu erwirtschaften. Mit etwa 8 Millionen Francs Überschuss zählt die »Exposition universelle de 1889« zu den ganz wenigen großen Ausstellungen ihrer Art, bei denen es gelingt, einen respektablen Profit einzuspielen.

Chicago 1893
»World's Columbian Exposition«

Wie schon dem Namen zu entnehmen ist, steht bei dieser Weltausstellung in Chicago alles im Zeichen von Christoph Columbus (1446-1506), jenem legendären Entdecker Amerikas, der mit seinem Segelschiff am 12. Oktober 1492 die »neue Welt« erreichte. Schon in den frühen 1880er Jahren, wohl noch in direkter Folge der »Centennial Exhibition« in Philadelphia (1876), wird in den USA der Wunsch nach einer zweiten großen, internationalen Ausstellung laut. Verschiedene amerikanische Städte treten um deren Austragung in Konkurrenz. In der engsten Wahl stehen zuletzt New York und Chicago. Nur diesen beiden Städten trauen die Amerikaner auf Grund ihrer Finanzkraft und Infrastruktur zu, der überaus erfolgreichen Pariser Universalausstellung von 1889 etwas entgegensetzen zu können. Relativ unerwartet bekommt dann Chicago 1890 den Zuschlag. Mit etwa 1,25 Millionen Einwohnern ist es zu jener Zeit nach New York die zweitgrößte Stadt in den Vereinigten Staaten. In einem bunten Völkergemisch leben hier unzählige Nationalitäten, wobei etwa ein Drittel deutschstämmig ist, exakter gesagt, in Deutschland geborene Eltern hat. Die Stadt selbst darf als »modern« bezeichnet werden, denn nach einer Brandkatastrophe im Oktober 1871 – die Feuersbrunst wütete damals drei Tage – wurde sie fast vollständig neu aufgebaut. Weltberühmt wird Chicago schließlich ab den 1880er Jahren durch seine zahlreichen »Wolkenkratzer«. Die sog. Chicagoer Schule mit Louis Henry Sullivan (1856-1924) als ihrem wichtigster Vertreter gilt als Wegbereiter für die bis heute so moderne Hochhausarchitektur in aller Welt.

Um so mehr erstaunt es, dass man bei der Vorbereitung der Weltausstellung ganz andere Wege geht. Die 106köpfige »World's Columbian Commission« unter dem Vorsitz von Thomas W. Palmer (1830-1913) fordert zunächst lediglich für die gesamte Ausstellungsarchitektur eine möglichst einheitliche Sprache. Auf den bislang üblichen zentralen Industriepalast wird verzichtet, und es entsteht stattdessen eine Ansammlung von mehr als zehn großen, architektonisch gleichwertigen Hallen und Pavillons, die von zahllosen kleineren Gebäuden umgeben sind. Mit ihrem Rückgriff auf Baustile vergangener Epochen wird die »White City« am Lake Michigan zu einem Musterbeispiel historistischer Architektur. Historismus pur, kann man sagen. Dekoration in einer Fülle und Pracht »wie die Welt nie etwas Aehnliches gesehen hat«, schreibt Julius Lessing. Doch wurde auch noch nie zuvor derart viel Gips verbaut wie hier, um der temporären Architektur (mit all ihrem konstruktiv-technischen und damit modernen Innenleben) das Aussehen von Bauwerken aus der »guten alten Welt« zu verleihen. Rückblickend äußert selbst der bereits zitierte Julius Lessing als eingefleischter Europäer bewundernd: »Und diese Paläste, ausgestattet mit der ganzen Herrlichkeit des antiken Säulenwesens, hatte man in kolossalen Baugruppen hingelagert an der mächtigen Fläche des Michigan-Sees, dessen Fluthen man in breiten Kanälen in den Jackson-Park hineingeführt hatte. Mit goldenen Kuppeln, hochgeschwungenen Brücken, Triumphbögen und Säulenhallen lag diese Stadt phantastischer Paläste, so großartig und gewaltig, wie seit den Zeiten des Forums von Rom niemals etwas entstanden ist, der grandioseste Traum einer Künstlerphantasie für eine kurze Spanne Zeit in leibhaftige Form gebannt.«

Das für die »World's Exposition« bestimmte Areal ist mit seinen 278 Hektar dreimal so groß wie das der letzten Pariser Weltausstellung. Zwischen der Stadt Chicago und dem

60 Gesamtanlage der World's Columbian Exposition 1893
Geschickt integriert man in das Weltausstellungsgelände vor den Toren Chicagos umfangreiche Wasserflächen. Sie lockern das Areal auf und eröffnen imposante Blickachsen auf die großen Hauptgebäude. Zu erkennen sind ferner die neuen Bahnanschlüsse (links im Bild) und der Übergang zum Vergnügungspark, dem sog. Midway (links oben).

Ufer des Michigan-Sees wird bisher ungenutztes, weil sumpfiges Land urbar gemacht. Die unmittelbare Wassernähe wird zu einer ungewöhnlichen Kombination von Natur und Architektur genutzt, indem man das gesamte Gelände des Jackson-Parks mit untereinander verbundenen Kanälen, Wasserbecken und Seen belebt. Im Zentrum liegt das »Große Bassin«, auf dem sogar venezianische Gondeln mit »echten« Gondolieren fahren. Den schönsten Blick auf die »Traumstadt« (»Dream City«), wie sie die Zeitgenossen nennen, hat der Besucher – sofern er nicht einen der angepriesenen Fesselballons besteigt – von der Kuppel des Verwaltungsgebäudes am westlichen Ende des Bassins. Von hier sieht er auf das großartige Gemeinschaftswerk des Landschaftsarchitekten und Gesamtprojektleiters Frederik Law Olmsted (1822-1903) und des Architekten Daniel H. Burnham (1846-1912), der speziell für die Bauten zuständig ist. Bereits kurz nach seiner Amtseinsetzung lädt Letzterer mehrere renommierte Architekten aus den USA ein und überträgt jedem die Planung für eines der großen Gebäude. Auf diese Weise ergibt sich zumindest von den Personen her ein Querschnitt durch die zeitgenössische nordamerikanische Architekturszene, wobei man allerdings die restriktiven Vorgaben hinsichtlich eines »einheitlichen«, d. h. retrospektiven Stils berücksichtigen muss. Am freiesten ist der Entwurf von Louis Henry Sullivan. In seinem »Gebäude für das Verkehrswesen« verwendet er Motive und Dekorationsformen, die man auch bei seinen aktuellen Hochhäusern findet. Großer Wert wird übrigens auf genügenden Abstand zwischen den einzelnen Bauten gelegt, denn nur so erhält man ausreichend Verkehrflächen (u. a. für eine ringförmig angelegte Elektrobahn durch das Ausstellungsgelände) und weite Blickachsen auf die Gebäude. Das Riesenprojekt »Weltausstellung« entspricht somit ganz dem Motto seines leitenden Architekten Burnham: »Make no little plans, they have no magic to stir men's blood and probably themselves will not be realized« (Mach keine kleinen Pläne, sie haben nicht die Kraft, der Menschen Blut erstarren zu lassen, und werden höchstwahrscheinlich nicht verwirklicht).

61 Das »Deutsche Haus«
auf der Weltausstellung in Chicago 1893
Selten hatte sich Deutschland auf Weltausstellungen mit einem eigenen Repräsentationsgebäude beteiligt. Nach Absagen für die Pariser Expositionen von 1878 und 1889 bietet Chicago eine große Chance, um zu zeigen, was man »kann«. Die deutsche Kommission entscheidet sich für eine typisch historistische Lösung im Stil der Neorenaissance: ein Konglomerat von Bauteilen verschiedener süddeutscher Rathäuser des 16. Jahrhunderts.

Um bei einem derartig großen Ausstellungsareal Eintönigkeit und Langeweile zu vermeiden, wird das gesamte Gelände in vier unterschiedliche Zonen unterteilt. Im südlichen Teil liegen das bereits erwähnte Zentralbassin und das Verwaltungsgebäude. Sie werden umgeben von den Ausstellungshallen für Landwirtschaft bzw. Maschinen, einem Kopfbahnhof, den Hallen für »Bergbau und Hüttenwesen«, »Elektrizität« bzw. »Industrielle und Freie [i. e. Angewandte, d. Verf.] Künste«. Den Abschluss zum See bildet eine Kolonnadenreihe. In der mittleren Zone des Parks dominiert eine Seenlandschaft mit einer bewaldeten Insel (genutzt für Teile der Gartenbauausstellung). Hier verteilen sich die übrigen großen Hallen (Verkehr, Gartenbau, Fischerei, Schöne Künste) sowie das Gebäude der Frauenbehörde, das der amerikanischen Regierung und die einzelner US-Staaten. Noch weiter im Norden schließt sich ein relativ kleinteiliges Areal an. Es wird in erster Linie von den »Länderpavillons« der ausländischen Staaten geprägt. In diesem Bereich, unweit vom Ufer des Michigan-Sees, liegt auch das »Deutsche Haus«, für dessen Äußeres der Düsseldorfer Architekt Johannes Radtke (1853-1933) eine Mischung von Bauteilen diverser süddeutscher Renaissance-Rathäuser wählt.

Die vierte Zone der Gesamtausstellung liegt etwas abseits. Es handelt sich um den sog. Midway, eigentlich »The Midway Plaisance«. Es ist ein 27 Hektar umfassender Vergnügungspark, der sich auf Höhe des Frauenpavillons wie ein langer Korridor nach Westen erstreckt. Rechts und links einer breiten Flaniermeile reihen sich diesmal gleich ganze »Dörfer« unterschiedlicher Nationen und private Shows aneinander. Folgt der Besucher der Anordnung der Gebäudegruppen, so begibt er sich – die südliche Seite des Midway ablaufend – von Lappland über Dahomey (i. e. Nordguinea) nach Österreich, anschließend in ein chinesisches Teehaus, um dann, nach einer Fahrt auf dem 80 m hohen Riesenrad und der Besichtigung eines auf 25 Fuß verkleinerten, aber in allen Details funktionsfähigen Modells des Pariser Eiffelturms, in einen maurischen Palast zu gelangen. Weiter geht es zu einer türkischen Ansiedlung, dem Panorama der Berner Alpen, einer Schwimmhalle und schließlich zur ersten Attraktion aus Deutschland: »Hagenbeck's Animal Show«. In einer bunten Mischung sind hier Zirkus, Tierpark, Aquarium, Restaurants und eine Ausstellung der deutschen Winzer (im Obergeschoss des Eingangsgebäudes) zu finden. James W. Shepp, ein amerikanischer Zeitgenosse, der in Verbindung mit reichem Fotomaterial die »Columbian Exposition« ausführlich dokumentiert hat, ist vor allem von den Tieren beeindruckt: »Im Käfig über dem Haupteingang läuft ununterbrochen ein Löwe hin und her, der mit nervösem Blick auf die Menge unter sich schaut. ... Die Tiere sind die besten ihrer Art, die man beschaffen konnte. Die Löwen sind in guter Kondition. Sie sehen aus, als ob sie gerade erst aus ihrem heimischen Dschungel hergebracht worden sind. Es gibt zwei prächtige bengalische Tiger und eine Gruppe von Jagdhunden, welche die Augen mittelalterlicher Jäger erstrahlen lassen würden. Mehrere Bären sind vorhanden, ein großer Eisbär und einige gewöhnliche schwarze, ferner Panther, Leoparden, Affen und Papageien. Es ist eine verrückte Sache, Löwen auf einem Pferderücken zusehen; das Pferd fürchtet normalerweise den Löwen und flüchtet vor seiner Gegenwart, doch hier reitet der Löwe auf dem Pferd, als ob dies die normale Art seiner Fortbewegung wäre und das Pferd scheint in keiner Weise abgeneigt gegenüber diesem Experiment. ... Es ist ein ungewöhnlicher Anblick, so viele Tiere in einer Arena vereint zu sehen: Tiger, Löwen, Elefanten, Bären und Hunde, alle haben ihre Aufgaben und jeder gehorcht sehr gut auf das Kommando. Löwen sind vor einen römischen Streitwagen gespannt und laufen wie friedvolle Pferde. Tiger fahren Fahrrad und Schweine und Affen zeigen amüsante Tricks. Der Gedanke, dass man das Tierreich vollständig unterwerfen und regieren kann, ist wundervoll.« Auf der nördlichen Seite des »Midway« befindet sich u. a. das »German Village« . Es ist das größte zusammenhängende Areal in dem Vergnügungspark. Einem Freilichtmuseum gleich steht hier eine Ansammlung von 66 vermeintlich »mittelalterlichen« Bauernhäusern aus unterschiedlichen Regionen, u. a. aus Bayern, dem Schwarzwald, Hessen und Westfalen. Ergänzend gibt es ein Rathaus, eine Bücherei, ein Museum mit einer außergewöhnlichen Waffensammlung, einen Wasserturm, zwei Restaurants mit insgesamt 8.000 (sic!) Plätzen, einen Konzertgarten und einen ländlichen Jahrmarkt. Im Zentrum des »Deutschen Dorfes« steht eine Burg, bei der Graben, Zugbrücke, Palisaden und Zinnen natürlich nicht fehlen dürfen und die im Stil des 15. Jahrhunderts erbaut ist. »Dies ist ein veritables Stück vom Vaterland«, kommentiert der oben bereits zitierte James W. Shepp. Ihm gefällt es zweifelsohne, denn er fährt fort: »Wir setzen uns nieder an einem der Tische des Gartenrestaurants und schwelgen in Würsten und Sauerkraut, gewürzt mit der besten Musik auf dem ganzen Gelände. Alle

62 »Hagenbecks Tierschau«, Chicago 1893
Carl Hagenbeck (1844-1913), namengebender Gründer des 1907 eröffneten Tierparks in Stellingen bei Hamburg, macht die väterliche Tierhandlung zu der damals größten ihrer Art. Mit Fangexpeditionen in alle Erdteile holt er seine exotische Handelsware zusammen. Auf der Weltausstellung in Chicago präsentiert er sich bzw. sein Unternehmen in einem eigenen Pavillon mit einer bunten Mischung aus Zirkus, Tierpark und Aquarium.

Menschen um uns herum sprechen deutsch. ... Während wir hier sitzen nähert sich uns ein Sohn Tirols: Er trägt einen kurzen grünen Mantel und einen sonderbaren Hut mit Feder und sein braungebranntes Gesicht zeigt Aufrichtigkeit und männliche Schönheit. Er bringt uns ein wunderschönes Edelweiß, eine Blume die im Schnee der Alpengipfel wächst, weit unten im Abgrund, wo der menschliche Fuß nicht treten kann. Glücklich kaufen wir einige, erheben uns vom Tisch und schlendern von Bude zu Bude, in denen blonde deutsche Mädchen ihre Waren verkaufen. Sie scheinen nicht überängstlich oder beunruhigt, sondern sind munter und aufmerksam, wenn sie Kundschaft wittern – und sie bleiben ihren Preisen in einer standhaften Weise treu wie es in Amerika unüblich ist. Nachdem wir eine Runde durch die Verkaufsstände gemacht haben, erreichen wir die eigentliche Attraktion, eine Burg mit Graben und mit Zinnen, die so aussieht, als würde sie seit alters her stehen. Wenn wir eintreten, befinden wir uns in einem wunderbaren Museum: Was diese Deutschen machen, machen sie gut!«

Von den Pavillons im Jackson-Park soll an dieser Stelle nur einer erwähnt werden, der allerdings Furore macht: »The Woman's Buil-

63 Die »Pfalz« im Deutschen Dorf auf dem »Midway Plaisance«, 1893
Auf dem »Midway«, dem der Weltausstellung von 1893 angeschlossenen Vergnügungspark, errichtet eine Vielzahl der teilnehmenden Nationen ganze Dörfer oder auch kleine Städte mit landestypischen Bauten. Mehr als eine Million Besucher kommen in das »Deutsche Dorf«. In seinem Zentrum steht eine in zeitgenössischen Berichten auch als »Pfalz« bezeichnete Wehranlage mit Wassergraben.

ding«. Zwar gab es schon in Philadelphia 1876 einen »Frauenpalast«, in dem Handarbeiten, Zeichnungen, Gemälde, Skulpturen und literarische Arbeiten von Frauen zu sehen waren, doch geschah damals alles auf Basis von Spendenmitteln. In Chicago wird nun zum zweiten Mal in der Geschichte der internationalen Ausstellungen ein Gebäude ausschließlich für die Präsentation der »weiblichen Kunst und Industrie« errichtet. Diesmal gibt es allerdings ein offizielles und damit auch finanziell ausgestattetes »Board of Lady Managers«. Unter der Leitung von Berta Honoré Palmer (nicht verwandt mit dem oben genannten Architekten Palmer) hat es die gleichen Rechte und Pflichten wie die übrigen Ausstellungskommissionen, nur dass die gesamte Organisation in den Händen von Frauen liegt. Zu dem Wettbewerb für das zu errichtende Gebäude werden ausschließlich Architektinnen zugelassen. Immerhin 13 beteiligen sich, allesamt im Alter zwischen 20 und 22 und dem Komitee völlig unbekannt. Den Zuschlag für einen Entwurf im Stil eines italienischen Renaissance-Palastes bekommt Sophia Hayden (1868-1953) aus Boston. Im fertigen Pavillon kann man dann in erster Linie Beiträge von Frauen aus Bereichen der Freien und Angewandten Kunst, der Wissenschaft, der Erziehung und der Wirtschaft sehen. Neu ist, dass das »Lady's Board« über den Sommer auch mehrere kleine Kongresse veranstaltet, bei denen immerhin Redner aus 35 Staaten zu Wort kommen. Mit ihren Aktivitäten haben sich die Frauen im wahrsten Sinne des Wortes Gehör verschafft. Sie spielen damit eine weitaus stärkere Rolle auf der Weltausstellung als beispielsweise die farbige Bevölkerung. Letztere ist außer auf dem »Midway« – und hier in erster Linie als »lebende« Ausstellungsstücke bzw. Besucherattraktionen – nirgends vertreten, in keinem Komitee, in keinem Ausschuss, in keiner noch so kleinen Ausstellungsabteilung.

Die »World's Columbian Exposition« – ganz vergessen hat man ihren ursprünglichen Anlass, die Landung von Christoph Columbus in Amerika, dann doch nicht, auch wenn die Eröffnung erst am 1. Mai 1893 stattfindet. Eigentlich soll die formelle Übergabe der Ausstellung bzw. die Fertigstellung der Gebäude am 12. Oktober 1892, also genau am 400. Jahrestag der Entdeckung begangen werden. Doch sind für diesen Tag bereits Jubiläumsveranstaltungen in der Stadt New York vorgesehen, so dass man den Termin in Chicago verschieben muss. Dafür feiert dann ganz Chicago, wenn nicht ganz Nordamerika vom

64 »The Woman's Building« auf der Weltausstellung in Chicago, 1892/93. Sophia Hayden, Boston
Mit dem »Frauenpalast«, einem der zwölf großen Ausstellungsgebäude, markiert die Weltausstellung von 1889 einen Höhepunkt in der bis dahin marginalen Präsentation von »weiblicher Kunst und Industrie«. Neu ist zudem die vollkommene Unabhängigkeit des verantwortlichen »Board of Lady Managers« in administrativer und finanzieller Hinsicht.

20. bis 22. Oktober ein überwältigendes Fest. Menschenmengen drängen sich auf das Ausstellungsgelände, um ihre »Dream City« erstmals aus der Nähe zu sehen. Eine Militärparade und eine offizielle Übergabezeremonie im kleinen Kreis gibt es am ersten Tag, einen großen Bürgerumzug mit 80.000 Teilnehmern am zweiten Tag, und am dritten, dem »Dedication Day« den Höhepunkt: 150.000 Personen nehmen an der öffentlichen Einweihung der Ausstellungsgebäude teil. Der Eindruck muss überwältigend – und vielleicht auch etwas beängstigend – gewesen sein, als diese unglaubliche Menschenmenge sich in dem vollständig leeren Gebäude für Industrie und freie Künste versammelt. Der gut 120.000 m² große Raum mit einer Grundfläche von 514 auf 240 m ist hierfür lediglich mit leicht ansteigenden Tribünen ausgestattet. Und wenn berichtet wird, dass am Ende der Veranstaltung alle gemeinsam eine Hymne auf Amerika singen, dann läuft einem bei dieser Vorstellung noch heute ein leichter Schauer der Ergriffenheit über den Rücken.

Die eigentliche Eröffnung der Weltausstellung am 1. Mai 1893 erreicht diesen Glanz nicht mehr. Am erwähnenswertesten ist ihr abschließendes Feuerwerk, bei dem Raketen aus drei verschiedenen städtischen Parks gleichzeitig abgeschossen werden. »Der prachtvolle Anblick, den sie boten, läßt sich gar nicht mit Worten schildern. ... Der Himmel sah wie ein Feuermeer in allen Farben des Regenbogens aus. Ein Beleuchtungskörper, welcher einen Raum von 2000 Quadratfuß [mehr als

65 Preismedaille der Weltausstellung in Chicago, 1893. Charles Barber (Vs.), Philadelphia, und Augustus Saint Gaudens (Rs.), New York
Die Vorderseite der Preismedaille zeigt als Hauptmotiv eine Schrifttafel, umgeben von Fackeln und Genien. Die sechszeilige Inschrift nennt unter anderem den Empfänger der Medaille, hier Theodor von Kramer, der Leiter des Bayerischen Gewerbemuseums. Rückseitig verweist die Figur des Kolumbus auf die Entdeckung Amerikas am 12. Oktober 1492.

220 m², d. Verf.] einnahm, zeigte nach dem Abbrennen die folgende Inschrift in feurigen Buchstaben: Chicago wellcomes the Nations of the Earth 1492-1892. Diese Inschrift wurde von zwei amerikanischen Adlern getragen, über welchen die Umrisse der verschiedenen Ausstellungsgebäude sichtbar waren«, schreibt ein unbekannter, äußerst beeindruckter Augenzeuge. Show ist eben alles – die Amerikaner haben es frühzeitig erkannt!

Auch wenn eine Weltausstellung zu jener Zeit kaum mehr etwas anderes ist als »eine Musterauswahlsendung nationaler Leistungen«, wie es der Münchner Konservator Kopp nach seinem Besuch in Chicago formuliert, so lockt die »World's Columbian Exposition« doch immerhin über 50.000 Aussteller aus 50 Ländern an. »Nur« knapp die Hälfte der Teilnehmer kommt aus den USA, also ein deutlich besseres Verhältnis als 1889 in Paris. Das deutsche Reich ist gut und umfassend vertreten, auch wenn die Firmen vom Reichskommissar förmlich zur Teilnahme überredet werden mussten. Aber die Mühe hat sich gelohnt. Aus Deutschland kommen nicht nur die meisten der internationalen Aussteller, sondern im Gegensatz zu der Niederlage von Philadelphia (1876) ernten sie diesmal allseits reiches Lob. Besonders beeindruckend ist wieder einmal die Selbstdarstellung der Firma Krupp aus Essen. Letztere war ja auf allen bisherigen Weltausstellungen, zumindest auf allen mit offizieller deutscher Beteiligung, ein Aushängeschild für das Land und erhielt seit 1851 zahlreiche Auszeichnungen. Auch in Chicago errichtet Krupp einen eigenen, überwältigenden Pavillon an exponierter Stelle. Er liegt im südlichen Teil des Geländes, unweit der Kolonnaden und direkt am Ufer des Michigan-Sees. Ausgestellt ist hier die gesamte Produktpalette des Unternehmens: von einem 20 m langen Riesenkesselblech über Formgussteile aus Stahl bis zur unvermeidlichen Kanone, diesmal eine 120 Tonnen schwere »Küstenkanone mit Geschützrohr«. In den übrigen der zwölf »Departments« oder auch Klassen ist Deutschland ebenfalls bestens, wenn auch auf ganz unterschiedliche Weise, präsent. Zwei

66 Pavillon der Firma Krupp in Chicago, 1893
Der Essener Krupp-Konzern nutzt 1893 die Gelegenheit zu einer besonders eindrucksvollen Selbstdarstellung. In exponierter Lage präsentiert man sich in einem großzügigen, neobarocken Pavillon, in dem die gesamte Produktpalette der Firma vorgestellt wird. Nicht zuletzt das Fehlen auf den beiden vorausgegangenen Pariser Universalausstellungen veranlasst Krupp zu einem derartig umfassenden Auftritt.

willkürlich herausgegriffene Beispiele mögen dies zeigen: Allein die Meißener Porzellanmanufaktur stellt über 1000 Objekte aus, unter denen sich so prominente Stücke wie Teile aus dem Brühl'schen Tafelservice befinden. Andererseits ist der Stand der Firma Stollwerk aus Köln ein Besuchermagnet. Schnell spricht sich nämlich herum, dass hier ein »Schokoladen-Monument« zu bewundern ist: ein 10 m hoher Rundtempel mit einer überlebensgroßen Germania-Figur. Für beides zusammen wurden 15 Tonnen Schokolade verarbeitet. Wie man es schafft, dass dieses »süße Werk« trotz der langen Ausstellungszeit von Mai bis Oktober nicht zerläuft, bleibt ein Betriebsgeheimnis. James W. Shepp, der bereits mehrfach zitierte Kommentator, kommt zu dem Ergebnis: »Deutschland ist wahrlich der größte Aussteller auf der Messe. Es scheint, als ob das deutsche Volk die Tatsache begreift, dass hier ein weiter Markt für ihre Waren beschafft werden kann. Die Deutschen, die in ihr Vaterland zurückkehren, sind durchweg wohlhabend. Von Natur aus sparsam machen sie das meiste aus dem, was sie erlangen. Und dass diese Lektionen unter den schlauen Teutonen nicht in Vergessenheit geraten sind, das wird ein Gang durch jedes der großen Gebäude im Jackson-Park ausführlich bezeugen.«

Antwerpen 1894 und Brüssel 1897

67 **Erinnerungsmedaille der Antwerpener Universalausstellung, 1894. Ed. Grielens, Antwerpen**
Wie so häufig bei Erinnerungsmedaillen dient das repräsentative Hauptgebäude der Ausstellung, hier die Eingangsfront, als Motiv für die Medaillengestaltung der Vorderseite. Der Zweisprachigkeit des belgischen Königreiches gemäß ist der Anlass für die Prägung in beiden Sprachen benannt.

Bevor erneut Paris zum Schauplatz einer Universalausstellung wird, gibt es noch mehrere, insgesamt jedoch relativ unbedeutende in Europa, Australien, Mittel- und Nordamerika. Ihre Einordnung als Weltausstellung wird immer fraglicher, die Austragungsorte werden dafür immer exotischer: Hobarth (1894/95) in Tasmanien, eine kleine Insel südöstlich von Australien, Guatemala City (1897), San Francisco (1894), Atlanta (1895) oder Omaha (1898). Auch Deutschland bemüht sich in den 1890er Jahren um eine Weltausstellung. Sie soll in Berlin stattfinden. Regierung und Industrie sind zunächst zögerlich und distanzieren sich dann schließlich ganz von dem Plan, als Paris im Sommer 1892 die Durchführung der nächsten »Exposition universelle« für das Jahr 1900 bekannt gibt.

Interessant sind in unserem Zusammenhang lediglich zwei Ausstellungen in Belgien: Die **»Exposition internationale d'Anvers«** (1894) und die **»Exposition internationale de Bruxelles«** (1897). Für die Schau in Antwerpen werden die Gebäude von 1885 wiederverwendet, die Grundfläche der gesamten Ausstellung wird aber deutlich vergrößert. Ein Schwerpunkt liegt auf der Präsentation von Ländern aus Afrika und Übersee. Hauptanziehungspunkt ist ein Kongo-Dorf vor dem Musée des Beaux-Arts, das von 144 Kongolesen »bewohnt« wird. Aber auch das alte Antwerpen lebt wieder auf: mit der Nachbildung eines historischen Stadtviertels, eine Idee, die erstmals 1889 auf der Weltausstellung in Paris zu bewundern war.

Die Brüsseler Ausstellung ist insofern erwähnenswert, als Belgien erneut versucht, seine ausbeuterische Politik gegenüber dem »Unabhängigen Kongostaat« (so benannt seit der Berliner Kongo-Konferenz 1884/85) zu rechtfertigen. Die Vorführung von Exportgütern, aber auch die regelrechte Zur-Schau-Stellung der »Fremden« soll dabei helfen. Um ein möglichst authentisches Umfeld für nunmehr vier Dörfer mit sage und schreibe 264 Kongolesen zu schaffen, bringt man u.a. zahlreiche tropische Pflanzen nach Tervuren. In diesem Vorort von Brüssel entsteht rund um einen neu errichteten Kolonialpalast quasi ein Teil Afrikas. Eine derartige Demonstration von politischer Macht und wirtschaftlicher Stärke ist bei sämtlichen europäischen Großmächten kurz vor dem Jahrhundertende durchaus üblich. Der später als Kolonialmuseum genutzte Palast ist aus heutiger Sicht aber aus einem anderen Grund viel wichtiger: Gestaltet von einer Gruppe junger Künstler wie Henri van de Velde (1863-1957), Paul Hankar (1859-1901) und Georges Hobé (1854-1936) handelt es sich um eines der frühen Gebäude, das ganz dem Jugendstil verpflichtet ist, jener neuen künstlerischen Richtung, die in der Pariser Ausstellung des Jahres 1900 noch vereinzelt vorkommt, in St. Louis 1904 verstärkt auftritt und in Brüssel 1910 einen ersten Höhepunkt haben wird.

Paris 1900
»Exposition universelle et internationale de Paris 1900«

»Die Welt ist ausstellungsmüde – diese Behauptung haben wir in den letzten Jahren so oft gehört, ihre Richtigkeit ist uns durch so viele Argumente bewiesen worden, daß sie nachgerade zum Dogma geworden ist. Wer aber in diesem Sommer nach Paris kommt, der fühlt sich doch stark versucht, auch an diesem Dogma zu zweifeln. Die diesjährige Ausstellung übertrifft an Umfang sowohl wie an innerem Werth zweifellos alle früheren; nur in Chicago mag das Ausstellungsterrain größer gewesen sein, nicht aber die bebaute Fläche. Und auf dem ungeheueren Gebiete dieser Riesenausstellung wogt eine unabsehbare Menschenmenge vom frühen Morgen bis spät in die Nacht – die Pariser Ausstellung von 1900 ist unzweifelhaft ein großer Erfolg«. Der so von Otto N. Witt in der illustrierten Wochenschrift »Prometheus« benannte Erfolg lässt sich mit einer Gesamtzahl von über 50 Millionen Besuchern während einer siebenmonatigen Laufzeit (14. April bis 12. November 1900) nachdrücklich belegen. Auch die Größe des bespielten Areals übertrifft alles: das Marsfeld mit dem jenseits der Seine gelegenen Trocadéro-Park, die »Esplanade des Invalides« mit ihrer Erweiterung auf der gegenüberliegenden Flussseite bis zur »Avenue des Champs Elysées« (hier stand seit 1855 der für die erste Pariser Weltausstellung errichtete Industriepalast) und die Ufer der Seine selbst. Die beiden Hauptachsen liegen damit wie zwei Schenkel eines Dreiecks zueinander. Durch die Bebauung entlang des Flusses werden sie miteinander verbunden. Der Entschluss, die Ausstellung im Jahr 1900 erneut im innerstädtischen Bereich stattfinden zu lassen, bedingt diese eigentümliche, doch sehr raffinierte Flächenanordnung. Trotzdem reicht der Platz nicht aus: die Präsentation der landwirtschaftlichen Maschinen, der Eisenbahnen und der immer zahlreicher werdenden Automobile wird in den Vorort Vincennes verlegt. Zu erreichen ist dieser ab Juli des Jahres übrigens mit einem neuen Verkehrsmittel: der Metro! Ihr erster Streckenabschnitt (10,6 km) wird anlässlich der »Exposition universelle« eröffnet, natürlich mit etwas Verspätung.

In Vincennes finden im Sommer 1900 auch die zweiten Olympischen Spiele der Neuzeit statt (in Athen wurde 1896 ihr vierjähriger Turnus wiederaufgenommen). Sie gehen jedoch im allgemeinen Weltausstellungsspektakel vollkommen unter. Gebührende Bedeutung und Aufmerksamkeit wird den Olympischen Spielen erst zuteil, als man sie zeitlich und räumlich von den großen Universalausstellungen trennt. In Paris (und auch 1904 in St. Louis) sind sie zunächst noch eine Nebenveranstaltung unter vielen anderen, etwa den Wettbewerben im Motorsport, Tennis, Reiten usw. oder den nunmehr 127 Kongressen.

Architektonisch hat die Pariser Ausstellung wenig Bemerkenswertes zu bieten. Die Hauptkritik der Zeitgenossen liegt darin, dass man das bereits auf den beiden letzten großen Weltausstellungen überwiegende Prinzip der Gipsfassaden im Stil vergangener Jahrhunderte fortführt. Die Organisatoren diskutieren sogar über eine Verkleidung des Eiffelturms und schreiben einen Wettbewerb aus. Zum Glück wird dieses Projekt nicht realisiert, auch wenn der Turm zwischen all den »Gipshüllen« wie ein technischer Fremdkörper erscheint. Otto N. Witt bemerkt in seinen »Weltausstellungs-Briefen« für die Wochenschrift »Prometheus«: »Die Pariser Weltausstellung von 1889 hat die Gipspaläste in die Welt gesetzt, Chicago führte sie 1893 zur höchsten Vollendung, Berlin schuf 1896 [auf der Gewerbeausstellung, d. Verf.] Hervorragendes nach

68 Das Marsfeld im Jahr 1900
Trotz heftiger Diskussionen um seine Verkleidung dominiert der Eiffelturm auch zur Jahrhundertwende mit seiner konstruktiven Schlichtheit das Marsfeld. Das im Hintergrund zu erkennende Riesenrad der amerikanischen Gebrüder Ferry ist übrigens jenes, das im Anschluss an diese letzte Pariser Universalausstellung im Wiener Prater wieder aufgebaut werden wird.

bewährtem Recept. Paris 1900 hat gezeigt, daß man auch in Gips zu weit gehen kann.« Noch schärfer formuliert es Paul Johannes Rée (1849-1901) in einem Vortrag, den er im November 1900 im Nürnberger Gewerbemuseum hält: »Leider entsprach dem großen Zuge der Anlage nicht der Charakter der Architektur. ... Nichts sah man von der gewohnten Finesse und Delikatesse des französischen Geschmacks. Ein riesiger Aufwand an Kunstmitteln war hier wirkungslos verpufft worden. Das schlimmste aber war die völlige Mißachtung der von den Ingenieuren geschaffenen Grundformen. Wie eine klassische Schöpfung stand in dieser Décadence des Geschmacks der Eiffelturm da, ein eisernes Mene-Tekel.« Allerdings findet sich in der Pariser Exposition der Jahrhundertwende auch letztmals in Europa ein derartig theatralischer, nahezu die gesamte Ausstellungsarchitektur überziehender Historismus. Ganz vereinzelt sind schon neue Strömungen in der (Außen-)Architektur zu finden – eine rühmliche Ausnahme bildet hier das Jugendstilgebäude des »Restaurant Bleu«. Doch setzen sich diese erst in den folgenden

69 Das »Deutsche Haus« auf der Weltausstellung in Paris 1900
Das deutsche Reich entscheidet sich noch am Ende des 19. Jahrhunderts bei seinem Repräsentationsgebäude für einen Baukomplex im Stil der Renaissance. Wie schon in Chicago 1893 orientiert man sich an der süddeutschen Rathausarchitektur, die sich durch bewegte Silhouetten und eine kräftige Farbigkeit auszeichnet. Nach wie vor vertritt man auf offizieller Seite die Meinung, dass diese »urdeutsche« Epoche am besten die eigenen Wurzeln spiegelt.

1900
L'EXPOSITION
Hors Série
FIGARO ILLUSTRÉ
L'ALLEMAGNE A L'EXPOSITION
718804
EDITEURS
MANZI, JOYANT & Cie
24, boulevard des Capucines
LE FIGARO
26, rue Drouot
PARIS
Prix : 3 fr. ; Etranger : 3 fr. 50

70 Das Restaurant im »Deutschen Haus« 1900
Außen Renaissance, innen Barock und im Keller die Moderne - mit diesen Schlagworten kann man das »Deutsche Haus« charakterisieren. Das von Bruno Möhring im Untergeschoss eingerichtete Restaurant fällt durch seinen großzügigen Jugendstildekor auf. Hier, fast im Verborgenen, entsteht ein zeitgemäßes Ambiente in neuen Formen, die in den (Außen-)Architekturen der Pariser Weltausstellung erst vereinzelt zur Anwendung kommen.

Jahren mehr und mehr durch. Im Gegensatz zu dem beschriebenen Phänomen bei den Gebäudefassaden zeigt sich auf dem Gebiet der Innenarchitektur der Umbruch allerdings schon ganz deutlich etwa beim Weinrestaurant im Deutschen Haus oder den Interieurs der österreichischen Aussteller.

Als die prachtvollste Baueinheit gilt das »Château d'Eau« mit dem dahinterliegenden Elektrizitätspalast, errichtet nach Plänen von Jean-Baptiste Paulin (1848-1915) bzw. Eugène Alfred Hénard (*1849). Von den Besuchern oftmals als »Feenschloss« bezeichnet zeigt es eine wahrlich märchenhafte, ja unwirkliche Architektur. Man sollte nicht meinen, dass es sich beim »Wasserschloss« um eines der ersten größeren Bauwerke aus Eisenbeton handelt, da sein Äußeres vollkommen mit plastischem Dekor überzogen ist. Die Fassade mit ihren Anleihen an die Zeit des Rokoko wird dominiert von einem riesigen Wasserfall, der aus 29 m Höhe herabstürzt und sich anschließend kaskadenartig in verschiedene Bassins verteilt. Umgeben von künstlichen Felsen und Grotten, kleinen Fontänen sowie phantasievollen Menschen- und Tiergestalten scheint das Gebäude den Besucher in eine Traumwelt entführen zu wollen. Überragt wird das »Château d'Eau« von der 70 m hohen Fassade des Elektrizitätspalastes, die in einem vieleckigen Stern und einer allegorischen Frauenfigur, wohl der »Fee des Lichtes«, gipfelt. Gerade bei Nacht bekommt das Marsfeld durch diesen Baukomplex eine ganz besondere Note: Mit tausenden von elektrischen Lampen unterschiedlicher Farbigkeit beginnt die gesamte Umgebung zu funkeln und zu glitzern, wobei das Wasser das seinige durch Reflektionen dazutut. »Jetzt [i. e. bei Nacht, d. Verf.] verstand man auch die Architektur des Marsfeldes. Alles war auf den abendlichen Effekt berechnet. Wenn um 9 Uhr ein Lichterblitz am Eiffelturm hinaufzuckte und dessen geschmeidige Form an den dunklen Himmel zeichnete, während von seiner Höhe ein heller Schein herabfuhr und die in herrlicher Nacktheit des »Château d'Eau« bekrönende Gestalt der Elektrizität beleuchtete, und wenn dann kurz darauf aus dem nächtlichen Dunkel im besten Lichterglanz und mit immer wechselndem Farbenspiel das Schloß mit seinen Wassermassen auftauchte, wobei

71 Die »Rue des Nations« der Weltausstellung 1900
Die »Rue des Nations« ist mittlerweile zu einem festen Bestandteil der Weltausstellungen geworden. Zur Jahrhundertwende gruppieren sich ihre Gebäude malerisch entlang des Seine-Ufers. Die große Zahl der Nationenhäuser, allesamt Paradebeispiele des Historismus, macht allerdings eine doppelreihige Bebauung notwendig, so dass die eigentliche Straße etwas oberhalb vom Fluss verläuft.

die mächtiger rauschenden Wasser sich mit den bunten Feuerströmen zu mengen schienen, da bekamen die Architekturformen, die tagsüber so gar nichts sagten, Leben, und alles wirkte zusammen zu einem unvergleichlichen, berückendem Bilde«, schreibt Johannes Rée. Nicht auf den ersten Blick erkennbar ist die Tatsache, dass die vom »Château d'Eau« herabfallenden Wassermassen auch einen praktischen Nutzen haben: sie dienen zugleich zur Speisung der im Inneren verborgenen Dampfmaschinen. Mit einem Dynamo verbunden liefern letztere die notwendige elektrische Energie für den gesamten Elektrizitätspalast.

Aus der großen Zahl der »neuen« Gebäude können hier lediglich ganz wenige genannt werden. Nicht unerwähnt bleiben dürfen allerdings das »Grand Palais« und das »Petit Palais« von Charles Gireault (1851-1933). Sie werden auf jenem Areal errichtet, das bereits für die Weltausstellung von 1855 genutzt wurde, und für sie muss der alte Industriepalast weichen. Zusammen mit der »Pont Alexandre III.«, der Verbindung zur »Esplanade des Invalides«, sind sie von Anfang an als längerfristige Bauwerke geplant und haben sich bis in unsere Zeit erhalten. Beide Palais besitzen im Inneren eine Eisenskelett-Konstruktion (sogar mit Jugendstildetails) und zudem transparente Eisen-Glas-Dächer. Von den übrigen Bauten unterscheiden sie sich insofern, als ihre Fassaden aus massiven Steinquadern besteht.

72 Preismedaille der Pariser Weltausstellung, 1900. Jules Clément Chaplain, Paris
Die in Paris verliehenen Preismedaillen sind allesamt aus Bronze. Eine Untergliederung in »Große Preise«, Gold-, Silber- und Bronzemedaillen wird durch zugehörige Diplome festgelegt. Je nach Rang der Auszeichnung ist es den Preisträgern erlaubt, sich auf eigene Kosten bei der Pariser Münze ein goldene, vergoldete oder silberne Medaille anfertigen zulassen.

Als Vorbild dienten Formen der französischen Barockarchitektur des 17./18. Jahrhunderts, die Dachaufbauten sind allerdings nachträglich verändert. Zur Jahrhundertwende werden im »Grand Palais« Malerei, Grafik, Skulptur und Architektur präsentiert, im »Petit Palais« kann der Besucher eine retrospektive Schau zur französischen Kunst sehen. Bis in die Gegenwart hat die Nutzung der Palais Kontinuität: für die Kunst wurden sie geschaffen, und der Kunst stehen sie noch heute als Museen und Ausstellungshallen zu Verfügung.

Folgt der Weltausstellungsbesucher dem Seine-Ufer Richtung Trocadéro, so trifft er auf die vielgerühmte »Rue des Nations«. Das Vorbild von 1889 aufgreifend hat man die Idee der Länderpavillons weitergeführt bzw. vervollständigt. Waren seinerzeit die Eingänge der Nationen zu ihren jeweiligen Ausstellungsflächen durch regionale Bauten und Baustil-Zitate gekennzeichnet, so stellt man den teilnehmenden Ländern im Jahr 1900 einzelne Parzellen zur freien Bebauung zu Verfügung. Die vage Vorgabe der Gastgeber bestand lediglich darin, bei den staatlichen Repräsentationsgebäuden einen »nationalen« Stil anzuwenden. Wie dieser zu definieren ist – ob allein durch die verwendeten Baumaterialien und durch Rückgriffe auf bestimmte Typologien (Norwegen, Schweden, Finnland) oder ob durch detailgetreue Architekturkopien (Italien, Belgien, Großbritannien, Spanien) – bleibt den Bauherren selbst überlassen. Beim Wettbewerb für das Deutsche Haus siegt Johannes Radtke. Er zeichnete bereits 1893 für den deutschen Pavillon in Chicago verantwortlich. Auch für Paris entwirft er eine relativ differenzierte Anlage mit vier unterschiedlichen Fassaden und einer Vielzahl von Erkern, Türmchen und Giebeln, deren Formen der Renaissancearchitektur entlehnt sind. Das Haus ist weitgehend aus Holz errichtet und mit Drahtgips verkleidet. Lediglich der Hauptturm besitzt eine Eisenkonstruktion. Die bewegte Silhouette wird durch eine kräftige Farbigkeit und eine reiche Fassadenmalerei unterstrichen. Sobald man ins Innere tritt, befindet man sich in einer gänzlich anderen Welt: hier herrschen Rauminszenierungen des 18. Jahrhunderts vor. Im Obergeschoss mit den eigentlichen Repräsentationsräumen fühlt man sich in die Potsdamer Schlösser versetzt. Originales Mobiliar und Gemälde aus der Sammlung Friedrichs des Großen schmücken die Räume. Dass es sich bei den Gemälden um solche von französischen Meistern handelt, ist eine Reverenzerweisung – und zugleich ein genialer Schachzug – gegenüber dem Gastgeberland Frankreich. Alles andere als retrospektiv, ja vielmehr zukunftsweisend ist die Ausstattung des im Untergeschoss des Hauses angesiedelten Weinrestaurants. Unter Federführung des Berliner Architekten Bruno Möhring (1863-1929) entstand hier eines der schönsten und konsequentesten Jugendstilinterieurs der gesamten Weltausstellung, das tatsächlich »in Benutzung« war.

Wie Perlen auf einer Schnur reihen sich die Nationenhäuser am Ufer der Seine aneinander. Sie alle haben im Kellergeschoss Restaurants mit Terrassen, die auf den Fluss hinausragen. Das von weitem sichtbare, bunte Sammelsurium von Baustilen und -materialien wird zu einem markanten Wahrzeichen der Pariser Ausstellung. Die unverwechselbare und immer wieder abgebildete Skyline wird von den Gebäuden der vermeintlich »wichtigen« Länder gebildet: Italien, Türkei, USA, Österreich, Bosnien-Herzegowina, Ungarn, England, Belgien, Norwegen, Deutschland, Spanien, Monaco, Schweden, Griechenland, Serbien und Mexiko. Die übrigen stehen in einer zweiten Reihe, genauer gesagt auf der nördlichen Straßenseite der parallel zum Fluss verlaufenden »Rue des Nations«.

Weiter Richtung Trocadéro schließt sich noch das obligatorische »Alt-Paris« an. Es ist das eigentliche Vergnügungsviertel der Weltausstellung – auch wenn einzelne Besucherbelustigungen, wie das aus Chicago herantransportierte Riesenrad, am Rande des Marsfeldes oder der orientalische Bazar im Trocadéro-Park angesiedelt sind. Das Areal unterhalb des nach wie vor bestehenden Trocadéro-Palastes ist mit Palmen und Palästen zu einer Kolonialausstellung umgestaltet. Exotik jeglicher Art kann der Besucher hier schnuppern: vom orientalischen Bauchtanz bis zur japanischen Teezeremonie, vom Alltagsleben fremder Völker bis zur illusionistischen Kreuzfahrt durchs Mittelmeer (inklusive Seekrankheit!) im »Mareorama«, vom indischen Teppichhändler bis zur »Reise um die Welt«, bei der die Panoramen durch »Eingeborene« des jeweiligen Landes belebt werden.

Zwei Eigentümlichkeiten sind noch hinsichtlich der Organisation zu verzeichnen. Zum einen hat man es trotz – oder vielleicht auch gerade wegen – einer achtjährigen Vorlaufzeit wieder einmal nicht geschafft, zur Eröffnung der »Exposition universelle 1900« zumindest

73 Vase, 1899. Johann Lötz Witwe, Klostermühle/Westböhmen
Die Natur dient als Vorbild für diese ungewöhnliche Vase. Sie besteht aus irisierendem Phänomenglas, einer Spezialität der Firma Lötz. Die zugehörige Montierung aus vergoldeter und zum Teil gefasster Bronze bildet Irispflanzen mit Blüten, Blättern und Zwiebeln nach. Dass das Unternehmen auf der Weltausstellung mit einem »Grand Prix« ausgezeichnet wird, ist kaum verwunderlich.

halbwegs fertig zu sein. Außergewöhnlich früh hatte ja der französische Staat zur »Jahrhundertausstellung« nach Paris eingeladen. Dass man sich dieses geschichtsträchtige Datum auf keinen Fall entgehen lassen wollte, war der Grund zu diesem Schritt. Die Austragungsorte der Weltausstellungen wurden nämlich immer noch nach dem Motto »Wer zuerst kommt, malt zuerst!« bestimmt (feste Vergaberegeln wird es erst ab 1928 mit der Gründung des »Bureau international de l'Exposition« geben).

Alfred Picard, der Generaldirektor des Unternehmens, kann den französischen Präsidenten Emile Loubet (1838-1929) am 14. April 1900 beim obligatorischen Eröffnungsrundgang lediglich durch leere Hallen führen. Die eigentliche Zeremonie findet in dem von Gustave Raulin (1837-1910) zu einer Festhalle umgebauten Teil der ehemaligen »Galerie des Machines« statt. Dieser überladene, prunkvoll ausgestattete Saal wird auch für die Preisverleihung am 18. August 1900 genutzt. Das Generalreglement der Ausstellung sieht als Prämiierung die Verteilung von Diplomen vor, die fünffach abgestuft sind. Es handelt sich um schriftliche Urkunden (ohne Preisgeld), wobei ihre Benennung allerdings verwirrend ist: »Große Preise«, Gold-, Silber- und Bronzemedaillen sowie »Ehrenvolle Erwähnungen«. Den Preisträgern der ersten vier Kategorien wird neben dem Diplom zusätzlich eine in Bronze gegossene Medaille zur Erinnerung übergeben. Darüber hinaus – und dies ist nun das Groteske an der ganzen Geschichte – bekommen sie die Erlaubnis, die Medaille auf eigene Kosten entsprechend ihrer Prämiierung in Gold oder Silber bei der Pariser Münze prägen zu lassen. Auch dies ist natürlich eine Möglichkeit, Kosten zu sparen, zumal wenn man bedenkt, dass von den gut 83.000 Ausstellern mehr als 40.000 ausgezeichnet werden. Deutschland, der nach Frankreich am stärksten vertretenen Nation, werden immerhin über 2.000 Auszeichnungen zugesprochen.

Nach einer 50jährigen Tradition stellt die Pariser Universalausstellung des Jahres 1900 einen Wendepunkt dar. Die Weltausstellung, wie sie sich am Ende des 19. Jahrhunderts zeigt, ist für den einzelnen Besucher in seiner Gesamtheit nicht mehr fassbar, auch wenn er sich mehrere Tage Zeit nimmt. Selbst die »Plate-formes roulantes«, die rollenden Gehsteige, die unseren heutigen Laufbändern auf Flughäfen und Messegeländen ähneln, vermögen lediglich, die enormen Entfernungen zwischen den verschiedenen Bereichen schneller zu bewältigen. Nicht wissend, dass dieses Hilfsmittel bereits 1893 in Chicago eingesetzt wurde, feiert man sie in Paris als große Neuerung – übrigens ebenso wie die erste Rolltreppe. Doch auch in einer anderen Hinsicht hat sich seit 1851 vieles geändert. Nicht mehr Maschinen und Technik begeistern die Menge, sondern illusionistische Darstellungen wie Wasser- und Lichtspiele, imaginäre Weltreisen, Riesenräder und sonstige Jahrmarktbelustigungen. Mehr und mehr steht das Vergnügen im Vordergrund bzw. die vergnüglich aufgearbeitete Vermittlung von Kultur. Die Weltausstellung alten Typs, so wie sie seinerzeit Prinz Albert ins Leben gerufen hatte, gibt es nicht mehr. Die zu Beginn so maßgebliche Industrie nutzt mittlerweile andere Kommunikationsmittel, und ihren kommerziellen Bedürfnissen kommen Messen und fachspezifische Ausstellungen sehr viel stärker entgegen. Die Nationen sind seit den 1850er Jahren immer näher zusammengerückt, die Entfernungen haben sich durch die Geschwindigkeit der modernen Verkehrs- und Nachrichtenmittel deutlich verringert. Der friedliche Wettstreit unter den Völkern aus aller Herren Länder, die Grundidee der ersten Londoner Weltausstellung, wird ab der Jahrhundertwende von einem anderen Veranstaltungstypus übernommen – den Olympischen Spielen.

74 »Schärpenspiel«, 1898/1900. Manufacture de Porcelaine, Sèvres (Ausf.)
Der vollständige Tafelaufsatz des 1898 von Agathon Léonard (1814-1923) entworfenen »Schärpenspiels« umfasst fünfzehn Figuren. Inspirieren ließ sich der Künstler von den berühmten Schleiertänzen der Amerikanerin Loïe Fuller (1862-1928). Die Figurengruppe, die auf der Weltausstellung des Jahres 1900 mit einer Goldmedaille ausgezeichnet wird, ist überaus beliebt. Allein die Manufaktur in Sèvres bietet sie ihren Kunden in drei Größen an.

St. Louis 1904
»Louisiana Purchase Exposition«

Die erste große Weltausstellung des neuen Jahrhunderts findet in den USA statt. Anlass ist wiederum ein Jubiläum: diesmal die 100jährige Angliederung von Französisch-Louisiana an die Vereinigten Staaten. 1803 verkaufte Kaiser Napoleon I. (1769-1821) aus Geldmangel das unter seiner Herrschaft stehende Gebiet, das die heutigen US-Bundesstaaten Louisiana, Arkansas, Dakota, Iowa, Kansas, Missouri, Montana, Nebraska und Oklahoma umfasst. Mit einem Schlag verdoppelte sich so die Fläche der Vereinigten Staaten von Amerika. Dies ist natürlich ein Grund zum Feiern, auch wenn die Weltausstellung in St. Louis wegen der für die ausländischen Teilnehmer zu kurz angesetzten Vorbereitungszeit auf das Jahr 1904 verschoben werden muss (30. April bis 1. Dezember).

Wie in Chicago wählt man auch in St. Louis einen Ausstellungsplatz weit vor den Toren der Stadt. 15 Kilometer haben die Besucher bis zum »Forrest Park« zurückzulegen, eine Entfernung, die mit den in kurzen Abständen fahrenden Zügen jedoch kein Problem darstellt. Das für die Exposition gerodete und zum Teil trocken gelegte Areal zeigt eine fächerförmige Anordnung von weitgehend neoklassizistisch anmutenden Bauten. Cass Gilbert (1859-1934) und Frank M. Howe (1849-1909), die beiden leitenden Architekten, verteilen vierzehn Ausstellungshallen und annähernd 70 Pavillons auf einer Gesamtfläche von 500 Hektar – ein neuer Rekord. Krönender Mittelpunkt ist die auf einem Hügel errichtete »Festival Hall«. Über vorgelagerte Kaskaden, die in ihrer Form und Beleuchtung an die Pariser Schau von 1900 erinnern, strömt Wasser in ein zentrales Bassin.

75 Das »Deutsche Haus« auf der Weltausstellung in St. Louis
Ein Stück vom Charlottenburger Schloss mitten in Französisch-Louisiana: Mit einem Teil-Nachbau des Berliner Barockschlosses präsentiert sich das deutsche Reich 1904 auf der Weltausstellung im amerikanischen St. Louis.

Ganz in der Nähe der zentralen Festhalle liegt der deutsche Pavillon. Wieso ausgerechnet Deutschland ein solch prominenter Platz zugewiesen wird (alle anderen Nationen sind in einem ganz anderen Bereich des Geländes angesiedelt), ist eigentlich nicht ganz klar. Man weiß lediglich, dass die zunächst vorgesehene Parzelle nicht akzeptiert worden ist. Die »Androhung« des Deutschen Reiches, ohne Änderung des Standortes die Teilnahme abzusagen, kann vermutlich nicht der einzig ausschlaggebende Grund gewesen sein. Auf Intervention der Ausstellungskommission wird dann aber der Weg frei für eine äußerst beeindruckende Präsentation Deutschlands. Kaiser Wilhelm II. (1859-1941) selbst überträgt den Bau des Repräsentationsgebäudes – ohne vorausgehenden Wettbewerb oder sonstiges Auswahlverfahren – dem Berliner Architekten Bruno Schmitz

76/77 Amtlicher Katalog des Deutschen Reiches zur Weltausstellung in St. Louis 1904
Wesentlich fortschrittlicher als in der (Außen-)Architektur zeigt sich das deutsche Reich in der Gestaltung seines Amtlichen Kataloges zur ersten amerikanischen Weltausstellung des 20. Jahrhunderts. Buchdeckel und Buchseiten werden von Peter Behrens (1868-1940) entworfen und stehen beispielhaft für die Buchgestaltung im Jugendstil.

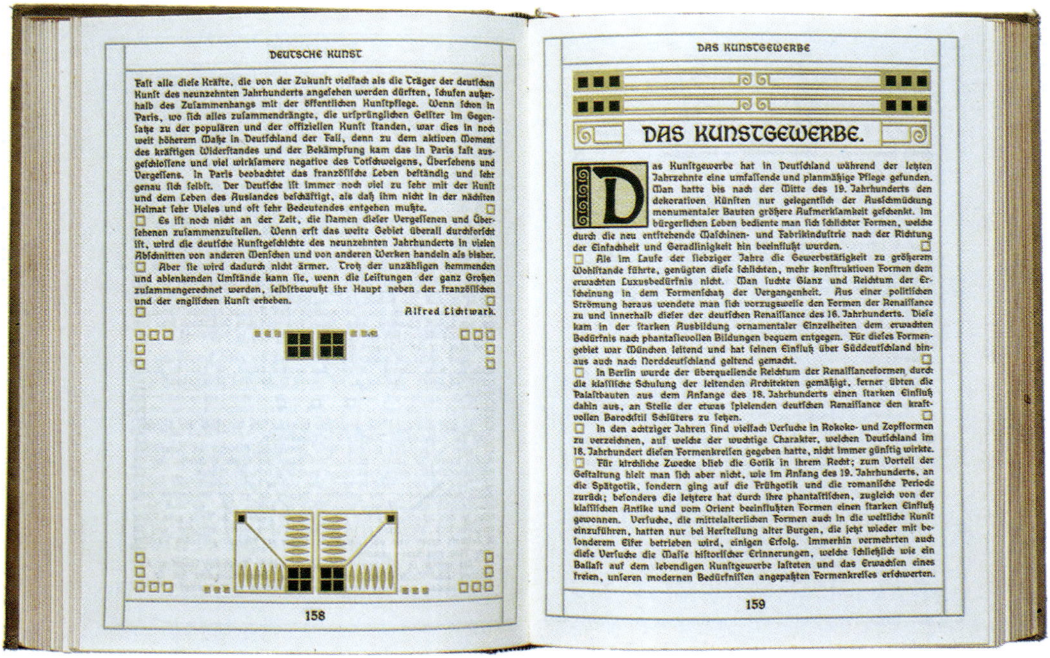

DEUTSCHE KUNST

Fast alle diese Kräfte, die von der Zukunft vielfach als die Träger der deutschen Kunst des neunzehnten Jahrhunderts angesehen werden dürften, schufen außerhalb des Zusammenhangs mit der öffentlichen Kunstpflege. Wenn schon in Paris, wo sich alles zusammendrängte, die ursprünglichen Geister im Gegensatze zu der populären und der offiziellen Kunst standen, war dies in noch weit höherem Maße in Deutschland der Fall, denn zu dem aktiven Moment des kräftigen Widerstandes und der Bekämpfung kam das in Paris fast ausgeschlossene und viel wirksamere negative des Totschweigens, Übersehens und Vergessens. In Paris beobachtet das französische Leben beständig und sehr genau sich selbst. Der Deutsche ist immer noch viel zu sehr mit der Kunst und dem Leben des Auslandes beschäftigt, als daß ihm nicht in der nächsten Heimat sehr Vieles und oft sehr Bedeutendes entgehen mußte.

Es ist noch nicht an der Zeit, die Namen dieser Vergessenen und Übersehenen zusammenzustellen. Wenn erst das weite Gebiet überall durchforscht ist, wird die deutsche Kunstgeschichte des neunzehnten Jahrhunderts in vielen Abschnitten von anderen Menschen und von anderen Werken handeln als bisher.

Aber sie wird dadurch nicht ärmer. Trotz der unzähligen hemmenden und ablenkenden Umstände kann sie, wenn die Leistungen der ganz Großen zusammengerechnet werden, selbstbewußt ihr Haupt neben der französischen und der englischen Kunst erheben.

Alfred Lichtwark.

158

DAS KUNSTGEWERBE

DAS KUNSTGEWERBE.

Das Kunstgewerbe hat in Deutschland während der letzten Jahrzehnte eine umfassende und planmäßige Pflege gefunden. Man hatte bis nach der Mitte des 19. Jahrhunderts den dekorativen Künsten nur gelegentlich der Ausschmückung monumentaler Bauten größere Aufmerksamkeit geschenkt. Im bürgerlichen Leben bediente man sich schlichter Formen, welche durch die neu entstehende Maschinen- und Fabrikindustrie nach der Richtung der Einfachheit und Geradlinigkeit hin beeinflußt wurden.

Als im Laufe der siebziger Jahre die Gewerbtätigkeit zu größerem Wohlstande führte, genügten diese schlichten, mehr konstruktiven Formen dem erwachten Luxusbedürfnis nicht. Man suchte Glanz und Reichtum der Erscheinung in dem Formenschatz der Vergangenheit. Aus einer politischen Strömung heraus wendete man sich vorzugsweise den Formen der Renaissance zu und innerhalb dieser der deutschen Renaissance des 16. Jahrhunderts. Diese kam in der starken Ausbildung ornamentaler Einzelheiten dem erwachten Bedürfnis nach phantasievollen Bildungen bequem entgegen. Für dieses Formengebiet war München leitend und hat seinen Einfluß über Süddeutschland hinaus auch nach Norddeutschland geltend gemacht.

In Berlin wurde der überquellende Reichtum der Renaissanceformen durch die klassische Schulung der leitenden Architekten gemäßigt, ferner übten die Palastbauten aus dem Anfange des 18. Jahrhunderts einen starken Einfluß dahin aus, an Stelle der etwas spielenden deutschen Renaissance den kraftvollen Barockstil Schlüters zu setzen.

In den achtziger Jahren sind vielfach Versuche in Rokoko- und Zopfformen zu verzeichnen, auf welche der wuchtige Charakter, welchen Deutschland im 18. Jahrhundert diesen Formenkreisen gegeben hatte, nicht immer günstig wirkte.

Für kirchliche Zwecke blieb die Gotik in ihrem Recht; zum Vorteil der Gestaltung hielt man sich aber nicht, wie im Anfang des 19. Jahrhunderts, an die Spätgotik, sondern ging auf die Frühgotik und die romanische Periode zurück; besonders die letztere hat durch ihre phantastischen, zugleich von der klassischen Antike und vom Orient beeinflußten Formen einen starken Einfluß gewonnen. Versuche, die mittelalterlichen Formen auch in die weltliche Kunst einzuführen, hatten nur bei Herstellung alter Burgen, die jetzt wieder mit besonderem Eifer betrieben wird, einigen Erfolg. Immerhin vermehrten auch diese Versuche die Masse historischer Erinnerungen, welche schließlich wie ein Ballast auf dem lebendigen Kunstgewerbe lasteten und das Erwachsen eines freien, unseren modernen Bedürfnissen angepaßten Formenkreises erschwerten.

159

78 Offizielle Erinnerungsplakette der Weltausstellung in St. Louis, 1904. Adolph Alexander Weinmann, New York
Sämtlich Kommissare und Preisrichter erhalten zur Erinnerung an ihre Tätigkeit auf der Weltausstellung in St. Louis eine dreieckige Bronzeplakette. In gleicher Form und aus gleichem Material, aber mit abweichender Aufschrift dient der Entwurf auch als Grundlage für die den Ausstellern übergebene »Goldmedaille«.

(1858- 1916). Bekanntermaßen dem Historismus verpflichtet geht Schmitz in St. Louis noch einen Schritt weiter als seine Vorgänger: Er baut den Mitteltrakt des Charlottenburger Schlosses originalgetreu nach und stattet die Räume mit eigens aus dem Berliner Stadtschloss und Charlottenburg herangeschafftem Mobiliar aus. Im Gegensatz zu Chicago, wo im Außenbau noch Rückgriffe auf die »bürgerliche« Renaissance zu finden waren, definiert sich das Deutsche Reich jetzt ausschließlich über Preußen und seine Monarchen. Im »Amtlichen deutschen Katalog« liest man zum »Deutschen Haus«: »Als Ausstellungsbau verkörpert es in der neuen Welt die seit Jahrhunderten erprobte Beständigkeit europäischer Kulturwerte, als Repräsentationsgebäude des deutschen Reiches den neuen Glanz der alten preußischen Königskrone.«

Ganz im Gegensatz zu diesen historistischen Tendenzen sind die deutsche Ausstellung und auch der zitierte, von Peter Behrens (1868-1940) gestaltete Amtliche Katalog vollkommen der Moderne, dem Jugendstil verschrieben. Als künstlerischer Leiter hatte es sich der bereits in Paris 1900 tätige Bruno Möhring zur Aufgabe gemacht, vor allem die kunstgewerbliche Abteilung als eine Art »Gesamtkunstwerk« aufzubauen. Der Erfolg dieser umstrittenen Entscheidung wird zunächst in Frage gestellt, denn: »Noch niemals hatte man weder in Deutschland, noch im Ausland eine vollzählig beschickte Ausstellung für Wohnungskunst hingestellt.« Von der Skepsis unbeeindruckt entwirft Möhring eine Folge von 60 Räumen, die jeweils komplett eingerichtete Zimmer zeigen – allesamt mit Architekturen, Mobiliar und Ausstattungsgegenständen des Jugendstil. Das Ergebnis, umfassend fotografisch dokumentiert in einem Bildband, ist dann aber mehr als überzeugend und erhält, wie man dort nachlesen kann, »von allen Nationen ungeteilte Bewunderung.«

Die Österreicher sind übrigens die einzigen, die in völliger Konsequenz außer ihrem Ausstellungsbeitrag auch ihren nationalen Pavillon in modernem Stil errichten. Belohnt werden sie mit einer Preismedaille für ihr Repräsentationsgebäude – ein Beleg dafür,

79 Offizielle Erinnerungsplakette Deutschlands an die Weltausstellung in St. Louis, 1904. Peter Breuer, Berlin
Den deutschen Kommissaren und Preisrichtern wird 1904 zusätzlich zur amerikanischen eine Erinnerungsplakette vom eigenen Vaterland verliehen. Diese zeigt auf der Vorderseite die weiblichen Personifikationen »Amerika« (mit phrygischer Mütze und Lorbeerkranz) und »Germania« (mit der Reichskrone). Rückseitig ist in einem schmalen Feld eine Ansicht des deutschen Hauses zu erkennen.

dass man die Zeichen der Zeit zu erkennen und zu schätzen beginnt.

Ansonsten setzt sich auf der Weltausstellung von 1904 der Trend zu immer mehr Vergnügen weiter durch. »The Pike« (i. e. Mautstraße, gebührenpflichtige Straße) heißt diesmal die Amüsiermeile, in der zahlreiche der bereits bekannten Besucherbelustigungen aufgereiht sind: das Riesenrad, Nachbauten von verschiedenen Dörfern und städtischen Straßen, Alpen- und sonstige Panoramen. Eingegliedert ist auch die bewährte Völkerschau. Diesmal sind die Filippinos die attraktivsten »Wilden«. 1.200 von ihnen verbringen das gesamte Jahr im Vergnügungspark und entfachen auf Grund ihrer (quasi Nicht-)Bekleidung öffentliche Diskussionen, in die sich sogar der amerikanische Präsident Theodore Roosevelt (1858-1919) einschaltet. Doch selbst seine Anordnung, die »Eingeborenen« müssten anstelle des Lendenschurzes zumindest mit Shorts, »welche die Vorder- und Gesäßseite bedecken«, verhüllt sein, trägt keine Früchte – wild bleibt eben wild. Bunt und vielfältig wie immer ist das Bild in diesem Teil der Ausstellung. Eine zeitgenössische amerikanische Zeitung fasst es in dem Satz zusammen: »Hat man die Pike gesehen, hat man die Welt gesehen!«

Brüssel 1910
»Exposition universelle et internationale de Bruxelles 1910«

Die Brüsseler Ausstellung des Jahres 1910 ist weitgehend in Vergessenheit geraten. Noch unter dem Schatten der großen Pariser Schau von 1900 bietet sie wenig Spektakuläres, kein aufsehenerregendes Wahrzeichen, keine Superlative (wenn auch ca. 13 Millionen Besucher und 29.000 Aussteller), keine wirklich neuen Erfindungen. Von sich reden macht dafür ein Negativ-Ereignis: Ein Feuer zerstört in der Nacht vom 14. auf den 15. August 1910 das Hauptgebäude der Ausstellung und mit ihm die Präsentationen von Belgien, England und (teilweise) Frankreich.

Die Architektur ist im wesentlichen ein Blick in die Vergangenheit. Allerdings gibt es eine große Ausnahme – den deutschen Beitrag. Es sind politische Beweggründe, die für das Deutsche Reich eine Beteiligung trotz der wirtschaftlichen Rezession unabdingbar machen. Man will den Veranstalter Belgien als einen wichtigen Handelspartner nicht brüskieren und zudem Frankreichs Position in Industrie und Gewerbe nicht durch das eigene Fernbleiben stärken. Als es dem deutschen Reichskommissar Heinrich Friedrich Albert (*1874) im Vorfeld der Ausstellung dann gelingt, anstatt der üblichen Parzellen für eine Halle und einen Nationalpavillon »ein vorteilhaftes und dabei völlig abgesondert gelegenes Terrain, auf dem sich außer dem Repräsentationsgebäude das eigentliche Ausstellungsgebäude erheben soll« zugesprochen zu bekommen, wächst die Teilnahmebereitschaft der deutschen Industrie schlagartig. Es steht damit bereits früh fest, dass sich Deutschland im Gegensatz zu den anderen Nationen nicht in Gemeinschaftshallen präsentiert, sondern geschlossen in einem eigenen Baukomplex. Der Münchner Emanuel von Seidl (1850-1919) wird zum leitenden Architekten bestimmt. Seine Gebäude aus den ersten Jahren des 20. Jahrhunderts zeichnen sich durch eine Abwendung vom Historismus zugunsten eines sachlicheren Landhausstils mit sparsamem Jugendstildekor aus. Dieses Prinzip wendet er auch in Brüssel an, wobei von ihm längst nicht alle der neun Hallen und drei Einzelgebäude stammen. Vielmehr holt er sich mit Otto Walter, Martin Dülfer (1859-1942) sowie den beiden Werkbund-Protagonisten Peter Behrens und Bruno Paul (1874-1968) tatkräftige Unterstützung. Das Ergebnis ist eine gelungene Kombination und Demonstration verschiedener Architekturströmungen der deutschen Avantgarde.

Die Abteilung Deutschlands liegt in der Nordostecke des Ausstellungsgeländes. Mit ihren zwölf Gebäuden umfasst sie eine bebaute Fläche von mehr als 32.000 m^2. Die Anlage weist eine Reihung von mehreren, durch differenzierte Fassadengestaltung, Dachformen und Firsthöhen voneinander unterschiedenen Hallen auf. Bei einer Gesamtlänge von etwa 500 m wird die Hauptfront durch ein leichtes Vor- und Zurückspringen der einzelnen Gebäude belebt. Das »Deutsche Haus« bildet sowohl bedeutungsmäßig (als Repräsentationsgebäude des Reiches) wie auch architektonisch den Mittelpunkt. Seine mächtigen Giebelaufbauten und der 40 m hohe Turm sind schon von weitem sichtbar. Gerade in ihrer Geschlossenheit ist die Gesamtanlage äußerst beeindruckend, zumal sie sich mit dem Weiß ihrer Wände, belebt durch wenige Farbpartien und geringe Vergoldung, sowie dem Grau ihrer Dachflächen aus dem umgebenen Grün wie eine übergroße Landhausanlage heraushebt. Uns schließlich ist hier erstmals eine Übereinstimmung zwischen Äußerem und Innenerem festzustellen. Diesmal klaffen Architektur und Inneneinrichtung bzw. Präsentationsform nicht mehr auseinander.

80 Die »Deutsche Abteilung« in Brüssel 1910
Die Deutsche Abteilung bildet erstmals einen geschlossenen, separaten Baukomplex, der abseits der großen internationalen Hallen liegt. Durch diesen Umstand wird es möglich, eine ganz eigene »Linie« zu entwickeln. Unter Emanuel von Seidl (1850-1919) entsteht eine Vielzahl an Einzelbauten, von Ausstellungsräumen bis hin zu umfangreichen Betriebesanlagen. Allesamt vereinen sich zu einem charakteristischen Gesamtbild moderner deutscher Architektur.

Innen wie außen bietet sich dem Besucher eine neue Ausdrucksform, ein »neuer deutscher Stil« wie es Gottfried Stoffers in dem offiziellen Bericht zur Brüsseler Ausstellung beschreibt. Vorgeführt wird dem Besucher eine durchgreifende Gestaltung aller Lebens- und Arbeitsbereiche unter den Prämissen einer funktionalen Qualität – Forderungen, die auch der deutsche Werkbund stellt. Diese Vorgehensweise soll nach dem Willen der Gestalter zu einer neuen nationalen Kultur führen, deren industrielle und künstlerische Produkte den ausländischen weit überlegen sind. Die Weltausstellung wird somit zu einem internationalen Forum, auf dem nun weniger Industriemaschinen als gesellschaftliche Modelle vorgestellt werden. Die Besucher drängen von Anfang an in die deutsche Abteilung, die zeitweise sogar wegen Überfüllung geschlossen werden muss. Trotz aller Meriten dürfte allerdings auch ein zweiter Punkt für dieses große Interesse ausschlaggebend gewesen sein: Im Gegensatz zu den übrigen Nationen hat es lediglich Deutschland geschafft, zur Eröffnung der Weltausstellung durch den belgischen König Albert I. (1875-1934) am 23. April 1910 den gesamten Aufbau abgeschlossen zu haben!

Die Art und Weise, wie sich das Deutsche Reich in Brüssel 1910 präsentiert, ist symptomatisch für die folgenden Jahrzehnte. Die Weltausstellungen des frühen 20. Jahrhunderts dienen zunehmend als propagandistische Schau einer nationalen, ökonomischen und kulturellen Standortbestimmung der Teilnehmerländer. Der Wettbewerb um technische Neuerungen wird abgelöst von dem um Weltanschauungen.

Bei soviel kulturellem Anspruch darf natürlich auch in Brüssel die Darstellung des »Wilden« nicht fehlen. Fremdes, Unbekanntes scheint den Besucher nach wie vor zu interessieren, denn nimmt man beispielsweise »Woerl's Reiseführer« in die Hand, so liest man in einer 1910 angebundenen Sonderbeilage zur Weltausstellung: »Ausstellung in Tervueren. Wundervoll gelegen! Besuch nicht versäumen! Eintritt frei. Eisenbahn Gare du Luxembourg, 30 Minuten Fahrzeit. Preis hin und zurück

82 Erinnerungsmedaille der Brüsseler Weltausstellung, 1904. Rudolf Bosselt, Berlin
Deutschland ist auf der Weltausstellung des Jahr 1904 mit Medailleuren aus mehr als 20 Orten vertreten. Elf der Künstler erhalten eine Auszeichnung. Zu ihnen zählt Rudolf Bosselt (1871-1938), dem eine Ehrenvolle Erwähnung (»Hors de concours«) überreicht wird.

1,25, 0,85, 0,60 frs. Elektrische Bahn vom Parc du Cinquantenaire ab 2 cs. Das Congo-Museum ist von wirkungsvoller moderner Architektur (Architekt Ch. Girault). Das Innere bietet einen gediegenen Einblick in das Wesen einer afrikanischen Kolonie. Wir sehen alles, was zum Leben dortselbst notwendig ist, vom Schiff an, das nach Afrika fährt, die Lokomotive, welche den Urwald durchquert, das Lagerzelt der Forschers oder reisenden Kaufmanns; die erbeuteten Tierfelle, riesige Elefantenzähne, bis zum gemütlichen Leben mitten im Eingeborenen-Krale. Ein Kinematograph macht das Ganze noch anschaulicher. Verschiedene afrikanische Gesellschaften haben ihre gewonnenen Produkte, Früchte, Erze, Kautschuk usw. ausgestellt. Kurz und gut, eine Ausstellung, die für den Deutschen doppelt interessant ist, da der Kongo Nachbargebiet unserer deutschen Kolonie von ›drüben‹ ist.«

81 »Hochzeitszug«, Entwurf 1904/05. Adolph Amberg, Ausführung KPM Berlin
Der »Hochzeitszug« von Adolph Amberg (1871-1913) ist eine der wenigen großen Tafeldekorationen des Jugendstil. Ursprünglich für die 1905 vollzogene Vermählung des deutschen Kronprinzen entworfen (aber dann bei diesem Ereignis nicht zum Einsatz gekommen) wird das zwanzigteilige Ensemble erstmals 1910 auf der Weltausstellung in Brüssel der Öffentlichkeit präsentiert.

Weltausstellungen nach dem 1. Weltkrieg

Die Blütezeit der Weltausstellungen liegt unzweifelhaft im 19. Jahrhundert. Ins Leben gerufen als friedlicher Leistungsvergleich unter den Industrienationen der Welt haben sie ihren ursprünglichen Sinn, die Absatzförderung durch Wissens- und Informationsaustausch, mit dem Beginn des 20. Jahrhunderts weitgehend eingebüßt. Wie bereits mehrfach betont, wird die einstige Kommunikationsfunktion zunehmend von den modernen Massenmedien übernommen. Der allgemein interessierte Besucher kann sich mit Hilfe Letzterer schneller, bequemer und umfassender orientieren als durch eine langwierige und kostenintensive Reise. Der eigentliche »Fachbesucher« hat ebenfalls Alternativen gefunden: Spezialausstellungen, Fachmessen und natürlich die einschlägigen publizistischen Organe seiner Profession dienen ihm als detaillierte Informationsquelle. So ist es nicht verwunderlich, dass die Institution »Weltausstellung« im Laufe der Jahre immer wieder für überholt erklärt wird. Dennoch hält sie sich hartnäckig. Nicht zuletzt ihre enge zeitliche Abfolge zwischen 1880 und 1910 macht allerdings deutlich, dass etwas Grundsätzliches geschehen muss, will man diese – nun am ehesten als nationale Selbstdarstellungen zu definierenden – Expositionen weiterhin austragen. Auf der anderen Seite sind die Besucherzahlen kontinuierlich angestiegen. Die zunehmend kulturell-kommerziellen Massenspektakel üben demnach einen uneingeschränkten Reiz auf das Publikum aus. Inwieweit hierzu allerdings der Event- oder auch Vergnügungscharakter beiträgt, mag dahin gestellt sein. Zumindest bleibt festzuhalten, dass seit der Pariser Universalausstellung von 1867 der »unterhaltsame« Teil immer mehr Raum beansprucht. Wie faszinierend diese vergnügliche Seite war – und wohl auch noch ist, ruft man sich das EXPO-Publikum des Jahres 2000 ins Gedächtnis – beschreibt ein kurzer Ausschnitt aus Edgar Lawrence Doctorows (*1931) autobiografischem Roman »Weltausstellung«. In Ich-Form berichtet hier ein achtjähriger Junge über die New Yorker »World's Fair« des Jahres 1939: »Wir streiften auf und ab. Wir kauften kandierte Äpfel, die guten mit dem harten, durchsichtig roten Zuckerguß. Eine Jazz-Band zog umher, und wir folgten ihr über den Midway. Ich vergaß alles, was nicht Ausstellung war, als wäre Achterbahn fahren und Sehenswürdigkeiten besichtigen, mit Menschenmassen ringsum und Musik im Kopf, das natürliche Leben.« Nicht von ungefähr werden Kultur und Entertainment, provokativ gesagt jegliches »Spektakel«, zu den Anziehungspunkten der Weltausstellungen des 20. Jahrhunderts. Auch hier sei noch einmal die EXPO 2000 angeführt: Ihr reichhaltiges Erlebnis- und Kulturprogramm mit mehreren tausend großen und kleinen Veranstaltungen ganz unterschiedlicher Art – vom Tanz über Open-Air-Kino, Kleinkunst, Feuerwerk, Musik und Bildender Kunst jeglicher Couleur bis hin zum klassischen Theater mit der 18stündigen Mammut-Aufführung des ungekürzten Textes von Johann Wolfgang von Goethes (1749-1832) »Faust, Teil I und II« – lässt die Frage aufkommen, welche Inhalte eigentlich eine Weltausstellung unserer Zeit dem Besucher vermitteln will.

Diese Frage drängt sich schon zu Beginn des letzten Jahrhunderts auf. Die vorausgegangenen Jahrzehnte haben deutlich gemacht, dass der schier unüberschaubaren Flut an vermeintlichen »Welt«-Ausstellungen lediglich mit festen, verbindlichen Regeln Einhalt geboten werden kann. Erste Verhandlungen hierzu finden bereits 1912 statt, allerdings ohne Ergebnis. Nach Beendigung des Ersten Weltkrieges und der nachfolgenden wirtschaftlichen Konsolidierung kommt das Thema erneut zur Diskussion. Im November 1928 treffen sich schließlich Vertreter von über 40 Nationen in Paris, um eine Konvention zu erarbeiten, die drei Jahre später in Kraft tritt: mit ihr bekommen die Weltausstellungen nicht nur ein festes Reglement, sondern auch einen völkerrechtlich verbindlichen Status. Das »Bureau International des Expositions« (kurz BIE), eine Unterabteilung des Völkerbundes – und nach dessen Auflösung im Jahr 1946 der Vereinten Nationen – überwacht die Einhaltung der Statuten. Es ist bis heute für die Vergabe und Registrierung der Ausstellungen zuständig. Seit jener Zeit unterscheidet man zwischen universellen Weltausstellungen (1. Kategorie) und sog. Welt-Fachausstellungen (2. Kategorie), die durch eine eingeschränkte Thematik gekennzeichnet sind. Zwischen den einzelnen Expositionen muss nun ein zeitlicher Mindestabstand liegen. Bei den Weltausstellungen der ersten Kategorie beträgt er zehn Jahre bzw. fünfzehn, wenn in einem Land zwei aufeinander folgen. Festgelegt wird ferner, dass nicht registrierte Weltausstellungen von den Unterzeichnerstaaten der Konvention boykottiert werden. Strikt eingehalten werden diese Vereinbarungen zwar von Anfang an nicht, aber bekanntlich bestätigen ja Ausnahmen die Regel. Bewährt haben sich die Statuten jedoch allemal, abzulesen an der Tatsache, dass sie mit leichten Modifizierungen bis in unsere Zeit gelten.

Mit Weltausstellungen verbinden sich in unserer Vorstellung zumeist auch Wahrzeichen. Waren dies in den ersten Jahrzehnten die riesigen Ausstellungshallen, wie der Kristallpalast (London 1851) oder der ovale, ringförmig angelegte Industriepalast von Le Play (Paris 1867), so sind es später singuläre Bauwerke, etwa der Eiffelturm (Paris 1889) oder das Atomium (Brüssel 1958). Erst in den letzten Jahrzehnten verzichtet man auf architektonische Versatzstücke mit einem entsprechend hohen Wiedererkennungswert. Dieser Verzicht auf visuelle »Aushängeschilder« erschwert es dem Besucher bzw. Betrachter, sich mit der jeweiligen Ausstellung zu identifizieren. Denn welchem Besucher der Brüsseler Ausstellung von 1958 ist das Atomium nicht mehr in lebhafter Erinnerung? Aber was hat sich – ketzerisch gefragt – im Gegensatz dazu dem Expo-Touristen des Jahres 1992 von seinem Ausflug nach Sevilla eingeprägt?

Anders verhält es sich mit den Länderpavillons. An ihnen kann man ablesen, dass die Architektur selbst zum Exponat avanciert ist. Die Anfänge dieser Entwicklung liegen im Jahr 1878. Im Rahmen jener Pariser Universalausstellung hatten die Verantwortlichen die ausstellenden Nationen aufgefordert, den jeweiligen Eingang zu ihrer Ausstellungssektion durch heimische Architekturformen zu charakterisieren. Im Innenhof des Industriepalastes entstand erstmals ein Konglomerat »landestypischer« Versatzstücke, anhand derer nationale Identitäten demonstriert wurden. Kulturelles Selbstverständnis, in diesem Fall durch »irgend ein bedeutendes Baudenkmal des Landes oder den nationalen Baustyl des Volkes« – so die offizielle Verlautbarung – visualisiert, wird ein Schlüsselbegriff für alle zukünftigen Veranstaltungen. Spätestens mit dem beginnenden 20. Jahrhundert verselbständigen sich die Länderpavillons, ja dominieren schließlich die Gemeinschaftshallen. Noch heute bilden sie als eigentliche »Botschafter der Nationen« neben einzelnen Themenpavillons den Hauptbestandteil der Expos.

83 Das »Pueblo Español« in Barcelona, 1929/30
Bei dem »Spanischen Dorf« werden Häuser aus ganz unterschiedlichen Regionen des Landes zu einer kleinstädtischen Einheit zusammengefügt. Im Gegensatz zu vergleichbaren »Ansiedlungen« auf früheren Weltausstellungen hat man sich 1929 um möglichst authentische Nachbauten bemüht. Den heutigen Barcelona-Besuchern dient das weitgehend unverändert erhaltene »Pueblo Español« allerdings in erster Linie zur Unterhaltung: zahlreichen Restaurants und Ladengeschäften scheinen den »Spaziergang durch die Vergangenheit« besonders attraktiv zu machen.

Aus deutscher Sicht ist in diesem Zusammenhang die Ausstellung in **Barcelona (1929/30)** von größter Bedeutung. Als **»Exposición General d'España«** mit den Veranstaltungsorten Barcelona und Sevilla in die Geschichte eingegangen war sie zunächst gar nicht als Weltausstellung geplant. Aus überwiegend innenpolitischen Gründen werden die in Vorbereitung befindliche internationale Exposition für Möbel und Innendekoration (Barcelona) und die sogenannte »Ibero-Americana« (Sevilla), die in erster Linie dem spanisch-amerikanischen Handelsaustausch gewidmet ist, zusammengelegt. Mit diesem Schritt will die spanische Regierung den separatistischen Bewegungen innerhalb des eigenen Landes entgegentreten, auch wenn Organisation und Finanzierung der beiden Veranstaltungen getrennt bleiben. Die »Exposición Internacional de Barcelona« befasst sich schließlich mit den Themen »Industrie«, »Kunst in Spanien« und »Sport«. Noch einmal werden für das Großereignis klassische Ausstellungspaläste mit reich ornamentierten Fassaden in neoklassizistischem Stil errichtet. Mehrere Bericht-

84 Der »Deutsche Pavillon« auf der Weltausstellung 1929/30
Auf der vergleichsweise kleinen Weltausstellung 1929/30 in Barcelona präsentiert sich Deutschland mit einem Pavillon von Ludwig Mies van der Rohe. Seine in der Tradition des Bauhauses stehende Architektur zeichnet sich durch eine kompromisslose moderne Formgebung aus und unterscheidet sich damit von allen anderen Nationenpavillons.

erstatter sprechen gar von einer Wiederauflage der »White City« (Chicago 1893). Als zentrales Gebäude beherbergt der bis heute erhaltene »Palacio Nacional« auf dem Montjuich den historischen Überblick zur spanischen Kunst. Der Moderne ist ein separates Gebäude zugewiesen. Großen Zulauf findet auch das »Spanische Dorf«, ein von einer Mauer umfasstes Ensemble typischer Bauten aus allen Regionen Spaniens. Wieder einmal wird hier das vermeintlich historische Landleben für die Besucher nachgestellt: Die »Dorfbewohner« führen traditionelle Handwerke vor, Trachten- und Tanzfeste fehlten ebenso wenig wie Ritterturniere, historische Festumzüge und Musikkapellen.

Der aus unserem Blickwinkel interessanteste Bereich der Weltausstellung dürfte jedoch das Areal mit den gut zwanzig Nationenpavillons sein. An exponierter Stelle, nämlich an der Schmalseite des quergelagerten Hauptplatzes, liegt der Repräsentationsbau Deutschlands. Der erste Auftritt auf internationalem Parkett nach dem Ersten Weltkrieg wird zu einer bewussten Selbstdarstellung der Weimarer Republik. Man ist bemüht, mit der neuen Demokratie auch eine neue Weltoffenheit zu demonstrieren. Mit dem Ziel einer sachlichen Präsentation des modernen Deutschland wird schließlich Ludwig Mies van der Rohe (1886-1969), führendes Mitglied des Deutschen Werkbundes, zum künstlerischen Leiter ernannt. Er ist verantwortlich für die

85 »Barcelona-Sessel«, 1929 (Entwurf). Ludwig Mies van der Rohe
Als »Klassiker« der modernen Wohnkultur gilt der von Ludwig Mies van der Rohe entworfene »Barcelona-Sessel«. In zweifacher Ausfertigung zählt er zu der äußerst sparsamen Möblierung des deutschen Pavillons auf der Weltausstellung 1929/30, wo er dem spanischen Königspaar als Sitzgelegenheit anlässlich der Eröffnung dient. Sein Siegeszug um die Welt beginnt in dem Moment, als er – entgegen der anfänglichen Absicht – in Serienproduktion geht.

Ausgestaltung der nationalen Beiträge innerhalb der verschiedenen Abteilungen und vor allem für die Schaffung eines deutschen Repräsentationsraumes. Erst nach längeren Diskussionen entscheidet man sich für einen eigenständigen Pavillon. Auf konkrete Vorgaben wird allerdings von Regierungsseite verzichtet. Aus der Not der knappen Zeit – weniger als ein Jahr liegen zwischen der Auftragserteilung und der Ausstellungseröffnung – macht der Architekt eine Tugend: aus vorgefertigten Einzelteilen und unter Verzicht auf jegliche dekorativen Elemente entwirft er ein quasi zweckfreies Gebäude mit sparsamster Möblierung.

Das Konzept Mies van der Rohes ist neu. Er befreit die Wände seines Pavillons von ihrer tragenden Funktion. Das großzügige Flachdach wird stattdessen von chromglänzenden Kreuzstützen getragen, die sich im übrigen auch im Inneren der mit Onyx und grünem Marmor verkleideten »Wandscheiben« befinden. Kombiniert mit raumhohen Glasflächen wirkt das Ganze mehr wie ein strenges, skulpturales Gebilde als ein Gebäude. Eine bis ins Freie sich fortsetzende Innenwand, die bewusste Verwendung gleicher Materialien im Innen- wie im Außenbereich sowie der weite Dachüberstand tragen zum Verwischen der Gebäudegrenzen bei. Innen und außen verschmelzen förmlich zu einer Einheit. Unterstrichen wird dieser Eindruck durch das unmittelbare Einbeziehen der Umgebung: gepflasterte Freiflächen und Wasserbecken, in denen sich das Gebäude spiegelt, sind Teil des großartigen Entwurfes. Nicht zuletzt der Verzicht auf jegliche Dekoration lässt den »Barcelona-Pavillon« zu einem Schlüsselwerk der modernen internationalen Architektur werden. Obwohl sich diese Erkenntnis – wie so oft – erst im nachhinein durchsetzt, ist man zumindest einstimmig der Meinung, dass es sich um den ungewöhnlichsten nationalen Repräsentationsbau auf dieser Weltausstellung handelt. Dennoch bleibt ihm wie den meisten anderen Gebäuden nicht erspart, nach Verlängerung der Ausstellung (bis Januar 1930) abgetragen zu werden. Der Versuch, den Pavillon zu erhalten, scheitert an der einsetzenden Weltwirtschaftskrise: Lediglich die Stahlträger kann man verkaufen, andere Materialien gehen an die Lieferanten zurück. Zu jener Zeit vermutet man noch nicht, dass die Popularität der Anlage mehr als 50 Jahre später zu ihrem Wiederaufbau führen wird. 1986 – Mies van der Rohe wäre in diesem Jahr 100 Jahre alt geworden – wird der »Deutsche Pavillon« nämlich zum zweiten Mal eingeweiht. Auch wenn es sich »nur« um eine Rekonstruktion handelt, so lässt sich doch erahnen, welch ungewohnten Eindruck seine kühle Schlichtheit und Eleganz auf die Zeitgenossen gemacht haben muss.

In einer völlig anderen Weise stellt sich Deutschland **1937** in **Paris** der Welt vor. Es handelt sich um die einzige umfassende Präsentation des Dritten Reiches auf einer derartigen Veranstaltung. Obwohl die **»L'Exposition des Arts et Techniques dans la Vie Moderne«** laut Reglement des BIE nur als Ausstellung der 2. Kategorie eingestuft wird, ist gerade diese Exposition in architektonischer Hinsicht erwähnenswert. Zunächst einmal wird der traditionsreiche Trocadéro-Palast durch das monumentale Palais Chaillot ersetzt, das den Veranstaltern als Repräsentationszentrum dient. Da die BIE-Statuten für Welt-Fachausstellungen die Errichtung von nationalen Pavillons untersagen, lässt sich die Ausstellungsleitung einen »Trick« einfallen. Anstelle von großen Ausstellungshallen baut man entlang des Seine-Ufers zahlreiche Einzelgebäude, die je zur Hälfte den ausländischen und den französischen Teilnehmern zugewiesen werden. Die Gestaltung des Äußeren überlässt man dann den jeweiligen Ausstellerländern, so dass letztlich doch eine architektonische Selbstdarstellung der Nationen ermöglicht wird. Diese fällt um so eindringlicher aus, als bei der sechsten und bislang letzten Pariser Weltausstellung der Wettstreit ideologischer Systeme und die Propaganda in den Vordergrund treten. Besonders deutlich ablesbar wird dies an dem unmittelbaren Gegenüber von Sowjetischem und Deutschem Pavillon. Von dieser Konfrontation erhofft sich die Ausstellungskommission – zu recht – einen besonderen Clou. Boris Michailowitsch Iofane (1891-1976) auf sowjetischer und Albert Speer (1905-1980) auf

86 Weltausstellungsgelände 1937
Die Pariser Weltausstellung von 1937 steht ganz im Zeichen der Propaganda. Am Fuß des Trocadèro-Hügels liegen sich der Pavillon des Dritten Reiches und der Sowjetunion unmittelbar gegenüber. Sie symbolisieren auf eindringliche Weise die – zunächst noch friedlich ausgetragene – Konfrontation der beiden totalitären Systeme.

Zentralblatt der Bauverwaltung
vereinigt mit »Zeitschrift für Bauwesen«

Mit Nachrichten der Reichs- und Staatsbehörden · Herausgegeben im Preußischen Finanzministerium

Schriftleiter: Dr.-Ing. Nonn und Dr.-Ing. e. h. Gustav Meyer

Berlin, den 4. August 1937

57. Jahrgang / Heft 31

87 Das »Deutsche Haus« in Paris 1937
Der monumentale Bau des Deutschen Reiches stammt von Hitlers Lieblingsarchitekten Albert Speer. Die 140 m lange, schmucklose Halle mündet in einem 50 m hohen Turm. Die bekrönende Figur eines Adlers, der ein Hakenkreuz in den Fängen hält, bildet einen Gegenpol zur Doppelgruppe von Arbeiter und Kolchosbäuerin auf dem Pavillon der Sowjetunion.

88 »Guernica«, 1937. Pablo Picasso
Mit »Guernica«, seinem wohl berühmtesten Werk, prangert Pablo Picasso im Jahr 1937 die Schrecken des spanischen Bürgerkrieges an. Als »Aufruf gegen den Krieg« hängt das Monumentalgemälde während der Weltausstellung in der Eingangshalle des Pavillons, den das republikanische Spanien durch den katalanisch-amerikanischen Architekten José Louis Sert (1902-1983) errichten lässt. Obwohl unübersehbar für jeden Besucher, nützt der Appell Picassos leider nichts – wenige Jahre später beginnt der Zweite Weltkrieg.

deutscher Seite zeichnen verantwortlich für die Bauten, für die übrigens beide mit einer Goldmedaille ausgezeichnet werden. Auffällig ist, dass sich die Formgebung der Pavillons sehr ähnelt, obwohl es sich bei den Auftraggebern um ideologische Gegenpole handelt: lange schmale Hallen parallel zur Seine gipfeln in einem mächtigen, skulpturenbekrönten Kopfbau, der jeweils zur Achse Trocadéro – Pont d'léna – Eiffelturm ausgerichtet ist. Aufgrund ihrer exponierten Lage, ihrer Größe und ihrer vertikalen Dominanz heben sich die beiden Gebäude von allen übrigen ab. Folgt man der Überlieferung, so war es Speer, der nach – wie auch immer bewerkstelligter – Einsicht in die streng geheimen sowjeti-

89 Medaille der Pariser Weltausstellung, 1937. Raoul Bénard, Paris
Die Vorderseite der Medaille zeigt einen jungen Arbeiter, der mit Spitzhacke und Schaufel in den Händen nach links schreitet. Im Hintergrund ist der 1878 eingeweihte und 1936 abgebrochene Trocadéro-Palast zu erkennen. Die Rückseite bildet das an seiner Stelle neu errichtete »Palais de Chaillot« ab, dessen monumentaler etwas grober Stil dem des deutschen Pavillons nicht ganz unähnlich ist.

schen Baupläne seine eigenen Entwürfe »korrigiert« hat, um dem politischen Gegner mit dem »Deutschen Haus« eine Antwort auf die eigene Machtdemonstration zu geben. In Speers Lebenserinnerungen heißt es rückblickend: »Auf hohem Podest schritt eine Figurengruppe [i.e. ein Arbeiter und eine Kolchosbäuerin, d. Verf.] von zehn Metern Höhe triumphal auf den deutschen Pavillon zu. Daraufhin entwarf ich eine in schweren Pfeilern gegliederte, kubische Masse, die diesen Ansturm aufzuhalten schien, während vom Gesims meines Turmes ein Adler mit Hakenkreuz in den Fängen auf das russische Paar herabsah.« Speer hat es somit nicht nur verstanden, die von den Nationalsozialisten für repräsentative Staats- und Parteigebäude geforderte Architektursprache mitten in Paris zu platzieren, sondern schaffte es auch, den sowjetischen Pavillon an Höhe zu übertreffen. Im Inneren des »Deutschen Hauses«, gleichfalls durch Albert Speer gestaltet, kann der Besucher unter zahlreichen Ausstellungsstücken Pläne zu einem Teilabschnitt der Autobahn, Entwürfe für die Umgestaltung des KdF-Seebades Prora an der Ostsee (»Kraft durch Freude«) und ein Modell vom Nürnberger Reichsparteitagsgelände sehen. Ganz am Rande ist übrigens auch noch einmal Ludwig Mies van der Rohe mit der Weltausstellung beschäftigt. Er gestaltet, gemeinsam mit der Designerin Lilly Reich (1885-1947), die Abteilung der deutschen Textilindustrie.

Von den über 200 Pavillons von 45 Nationen, Organisationen und Firmen sind zur Eröffnung wieder einmal nur ganz wenige vollendet. Zu diesen zählen die Beiträge Italiens, Deutschlands und der Sowjetunion. Selbst Frankreich schafft es nicht – zahlreiche Streiks verzögern die Arbeiten. Lediglich zwei der auf dem innerstädtischen Weltausstellungsgelände sich drängenden Einzelbauten sollen an dieser Stelle erwähnt werden. Zum einen ist dies der nahezu vollständig aus Holz gebaute Pavillon Finnlands, bei dem Alvar Aalto (1898-1976) zu einer neuen fließenden Formensprache findet. Gezielt setzt der Architekt das traditionelle Baumaterial seines Landes ein, um das Augenmerk des Publikums auf die Wirtschaftskraft und das »know-how« seines Volkes zu lenken.

Spanien tut sich auf andere Weise hervor. In der Architektur eher zurückhaltend macht das Land vielmehr Furore mit einem seiner Ausstellungsstücke: Pablo Picasso (1881-1973) erinnert mit seinem im Inneren ausgestellten Gemälde »Guernica« an die Bombardierung der gleichnamigen baskischen Stadt durch die

Legion Condor, mit der die Berliner Regierung ihren Verbündeten, General (Francisco) Franco (1892-1975), im spanischen Bürgerkrieg unterstützte. Diese Mahnung an die Welt nützt jedoch nichts – zwei Jahre später bricht der Zweite Weltkrieg aus, in genau jenem Jahr, als in New York eine weitere große Welt-Fachausstellung ihre Pforten öffnet.

Geblieben ist von der Pariser Weltausstellung etwas ganz anderes: das »Palais de la Découverte«. Unter dem Schlagwort »breitenwirksame Wissenschaftsvermittlung« ist seine Funktion am ehesten zusammenzufassen. Als Antwort auf die immer schwerer verständlich werdenden Erfindungen und den ungeheueren technologischen Fortschritt jener Zeit ist dies einer der ersten Versuche, Belehrung und Vergnügen miteinander zu koppeln. Der spektakulärste Beitrag von deutscher Seite ist der »Gläserne Mensch«, eine Kopie jener das »menschliche Innenleben« zeigenden Figur, die 1930 zur Neueröffnung des Dresdener Hygiene-Museums geschaffen wurde. Das Konzept, wissenschaftliche Erkenntnisse publikumsnah und als öffentlichkeitswirksame Attraktionen zu kommunizieren, wird auch heute noch mit großem Erfolg angewandt – man denke beispielsweise an das ungeheuere Besucherinteresse, das die zuerst in Mannheim (2000) gezeigte Wanderausstellung »Körperwelten. Die Faszination des Echten« erheischte.

Mit der **»New York World's Fair« (1939/40)** und der zeitlich vorausgehenden Weltausstellung in **Chicago (1933/1940)** namens **»A Century of Progress International Exposition«** werden dem Besucher schließlich Expositionen neuen Typs geboten: modern, innovativ, auf der Höhe der Zeit. Ziel ist nicht mehr der friedliche Wettstreit der Nationen, sondern der Entwurf einer Welt von morgen, einer Vision. Die erstmals im Fernsehen übertragene Eröffnung der New Yorker Weltausstellung, an der Deutschland aus politischen Gründen nicht beteiligt ist, verläuft allerdings nicht ohne Pannen. So steht beispielsweise Albert Einstein (1879-1955), dem es zugedacht war, mit Hilfe eines spektakulären Versuchsaufbaus kosmische Strahlen einzufangen, um damit die gesamte Beleuchtung des Geländes in Gang zu setzen, sprichwörtlich im Dunklen.

»Building the World of Tomorrow« – dieses Motto begleitet 1939 nahezu alle Beiträge. Im General Electric Building werden künstliche Blitze erzeugt, die Firma DuPont stellt als revolutionierende Neuerung die Kunstfaser Nylon vor (die Benennung leitet sich übrigens aus dem Kürzel NY für New York und der Endung -lon ab), ja überhaupt liegt das Hauptaugenmerk auf den Firmenpavillons. Diesmal präsentieren sich in erster Linie nicht Nationen, sondern Wirtschaftsunternehmen und dies, ohne Kosten und Mühen zu scheuen. Besonders aufwendig ist der Pavillon von General Motors. In ihrem »Futurama« wird den Besuchern die fiktive Welt des Jahres 1960 vor Augen geführt. Es muss ein atemberaubender Eindruck gewesen sein, folgt man dem kurzen Auszug aus Edgar Lawrence Doctorows bereits an anderer Stelle zitiertem Roman: »Endlich gelangten wir hinein. ... Wir liefen los und belegten Plätze, Sessel mit hohen Seitenlehnen, in die Lautsprecher eingebaut waren. ... Die Lichter verloschen. Musik ertönte, die Sessel ruckten und begannen, sich seitwärts zu bewegen. Vor uns leuchtete eine ganze Welt auf, als flögen wir über sie hinweg, der phantastischste Anblick, den ich je erlebt hatte, eine ganze Stadt der Zukunft, mit Wolkenkratzern und vierspurigen Schnellstraßen, auf denen in verschiedenen Geschwindigkeiten echte kleine Autos fuhren. ... Diese Miniaturwelt führte vor, wie alles geplant war, die Leute wohnten in diesen stromlinienförmig gewellten Gebäuden, von denen jedes die Bevölkerung einer Kleinstadt aufnehmen konnte und alles enthielt, was sie nur brauchen konnten, Schulen, Lebensmittelgeschäfte, Wäschereien, Kinos und so fort. ... Es war alles sehr einleuchtend. ... Und dann kam der verblüffende Schluß. Man sah im Modell eine bestimmte Straßenkreuzung, und die Vorstellung war vorbei, und mit seinem ›ICH HABE DIE ZUKUNFT GESEHEN-Button‹ in der Hand trat man hinaus in die Sonne und stand exakt an der Kreuzung, die man eben gesehen hatte. Die Zukunft war genau da, wo man stand.«

Bis zur nächsten Weltausstellung hat sich bereits vieles von dem, was im »Futurama« von 1939 noch als Vision vorgeführt wurde, verwirklicht. Denn erst Ende der 50er Jahre, also nach knapp zwanzigjähriger Unterbrechung, versammelt sich die Welt erneut. Nach den Erschütterungen des Zweiten Weltkrieges und seinen Folgen hat sich Europa langsam wieder erholt und fühlt sich nun stark genug für ein solches Großereignis. Als Austragungsort der **»Exposition universelle et internationale« (1958)** wird **Brüssel** gewählt. Unter dem Motto »Bilanz für eine menschlichere Welt« will man der zunehmend negativen Bewertung des technischen Fortschritts entgegentreten, der sich der Menschheit in den vorangegangenen Jahrzehnten an so zerstörerischen Erfindungen wie der Atombombe und dem Nervengas Zyklon B gezeigt hat. Die zivile Nutzung der Kernenergie wird nun propagiert (ursprünglich sollte das erste belgische Atomkraftwerk Teile der Expo mit Strom versorgen), und nicht von ungefähr errichtet man als Wahrzeichen der Brüsseler Ausstellung das »Atomium«. Dass es sich bei der Monumentalskulptur um ein millionenfach vergrößertes Eisenmolekül handelt und sie insofern eigentlich nichts mit Atomenergie zu tun hat, wird schnell vergessen. Zu imposant ist die Erscheinung der Stahlarchitektur mit ihren begehbaren Röhren und Kugeln, die von jeglichem Punkt der Ausstellung zu sehen ist. Zu gut lässt es sich als Symbol für eine neue, bessere Welt vermarkten. Während die westlichen Nationen den Beginn des Atomzeitalters feiern, beruft man sich im Pavillon der Sowjetunion auf einen anderen Sieg, den Vorsprung in der Raumfahrt. Die Modelle von Sputnik I und II, den beiden ersten künstlichen Satelliten, die von russischen Wissenschaftlern im Jahr 1957 auf ihre Erdumlaufbahn gebracht wurden, erweisen sich als die Besucherattraktion schlechthin. Diese Tatsache trifft die USA um so schmerzlicher, als ihnen die eigene Niederlage in dieser Schlüsseltechnologie mitten

90 Die »Deutsche Abteilung« auf der Expo 58 in Brüssel
Eine leichte und sachliche Bauweise prägt die Pavillonarchitektur der Deutschen Abteilung auf der Expo 1958. Egon Eiermann und Sep Ruf setzen hier einen gemeinsam ausgearbeiteten Entwurf um, dessen Transparenz die politischen Verhältnisse im demokratischen Nachkriegsdeutschland widerspiegeln soll.

91 Blick aus »Pavillon 8« der »Deutschen Abteilung« in Brüssel
Acht aufgeständerte Gebäude in Glas-Stahl-Konstruktion, die durch Stahlstege miteinander verbunden sind, bilden den deutschen (Architektur-)Beitrag in Brüssel. Gläserne Außenwände ermöglichen ungehinderte Aus- und Durchblicke. Die eigentliche Ausstellung unterwirft sich dem Architekturdiktat und tritt optisch in den Hintergrund.

im Kalten Krieg überdeutlich vor Augen geführt wird.

Dennoch, die Gesamtbeurteilung der Brüsseler Expo durch die Medien ist alles andere als positiv. Man empfindet die neu erbaute Architektur als zu groß und zu gekünstelt, spricht im Zusammenhang mit dem futuristischen Pavillon von Le Corbusier (eigentlich Charles-Edouard Jeanneret, 1887-1965) für den Philips-Konzern gar von »architektonischen Kuriositäten« und bemängelt, dass die meisten Aussteller sich nicht an das vorgegebene Thema halten, sondern die Veranstaltung wie ehedem als Forum einer wenig differenzierten nationalen Leistungsschau betrachten.

Auch der deutsche Beitrag zur Brüsseler Expo wird sehr unterschiedlich bewertet. Die Pavillonanlage von Sep Ruf (1908-1982) und Egon Eiermann (1904-1970) stößt einerseits auf Unverständnis, allerdings in erster Linie im eigenen Land, andererseits wird ihr höchstes Lob zuteil bis hin zu internationalen Architekturpreisen. Aus Zeitgründen verzichtet man im Vorfeld auf einen Wettbewerb. Vielmehr werden die beiden genannten Architekten unabhängig voneinander im Sommer 1956 um erste Entwürfe gebeten. Zunächst unvorhersehbar ist das Ergebnis. Man entschließt sich,

92 Preismedaille der Weltausstellung in Brüssel, 1958. Marcel Rau, Brüssel
Nicht etwa das Wahrzeichen der Weltausstellung, das »Atomium«, wählt der belgische Bildhauers Marcel Rau (1898 - vor 1962) für die Preismedaille des Jahres 1958, sondern zwei Jünglinge. Einander an der Hand haltend schreiten sie vorwärts vor der unendlichen Weite des Weltalls mit seinen Gestirnen. Die Darstellung ist vermutlich ein Symbol für Frieden und Gemeinsamkeit in der Zeit des Kalten Krieges.

beide gemeinsam mit der endgültigen Planung zu beauftragen. Ausschlaggebend für die Wahl des Architektenduos dürfte ihr Renommee in der noch jungen bundesrepublikanischen Architekturszene gewesen sein: Egon Eiermann zeichnete verantwortlich für das Abgeordnetenhochhaus in Bonn (»Langer Eugen«) und die Planungen zum Wiederaufbau der Gedächtniskirche in Berlin, Sep Ruf machte durch den Neubau der Nürnberger Akademie und den Erweiterungsbau des Germanischen Nationalmuseums von sich reden. Für Brüssel konzipieren die beiden Architekten schließlich einen Gebäudekomplex aus einzelnen, flach gedeckten Stahl-Skelett-Bauten, die untereinander mit überdachten Stegen verbunden sind. Die Außenwände der ein- bis dreistöckigen Pavillons bestehen fast ausschließlich aus Glas und besitzen somit absolute Transparenz, der sich alles, also auch die Ausstellung im Inneren des Gebäudes, unterordnet. Als Vorbild für die Anlage diente die zwischen 1950 und 1954 durch Ruf im Nürnberger Tiergarten errichtete Akademie der Bildenden Künste. Das hier angewandte Prinzip der in die Landschaft eingefügten und doch miteinander verbundenen Flachdachpavillons wird für den Brüsseler Entwurf konsequent weiterentwickelt und auf das Hanggrundstück im Expo-Gelände abgestimmt. Die zurückhaltende und zugleich klare Formensprache des deutschen Pavillons wird in der internationalen Fachpresse in den höchsten Tönen gelobt. Man attestiert ihm die gelungene Fortsetzung und Verfeinerung der durch Mies van der Rohe in Barcelona begründeten »neuen« Architektur. Ein zweites Mal wird Deutschland die Leistung zugesprochen, den »elegantesten« Pavillon auf einer Weltausstellung errichtet zu haben. Die demonstrative Absetzung vom Pariser Beitrag des Jahres 1937 und die erneute Anknüpfung an die Grundideen des Bauhauses kommentiert eine französische Zeitschrift lapidar mit den Worten: »In diesem Pavillonkomplex erkennt man die Kraft des guten Willens und der Bescheidenheit.« Unzweifelhaft ist es die richtige Entscheidung gewesen, Zurückhaltung zu üben. Denn weder Wirtschaftswunderpotenz noch eine spektakuläre Architektur wären angemessen gewesen für eine Selbstdarstellung der noch relativ jungen Bundesrepublik auf internationalem Parkett. Als temporäre Architektur geplant ist vom Deutschen Pavillon heute lediglich noch die ehemalige Zugangsbrücke zum Gebäudekomplex in Benutzung; sie dient als Fußgängersteg über die Bundesautobahn A 3 im Stadtgebiet von Duisburg.

93 Deutsches Design auf der Expo 58
Arzberg-Geschirr (Form 2025, Entwurf 1957 von Heinrich Löffelhardt, 1901-1979), hier abgebildet mit dem Dekor »Resopal«, und Pott-Besteck (Modell 2720, Entwurf 1952 von Paul Voss, 1894-1976), beide bereits zu jener Zeit mehrfach preisgekrönt, zählen auf der Expo 1958 als Beispiele zeitgenössischen Designs zur Ausstattung des deutschen Restaurants.

Die **»Universal and International Exhibition of 1967«** in **Montreal** ist eine einzige Spielwiese der Architekten. Mit der bislang einzigen Weltausstellung in Kanada feiert der Staat seine 100jährige Unabhängigkeit von England. Eigentlich hatte Moskau bereits den Zuschlag für 1967 erhalten. Als die Sowjetunion 1962 ihr Angebot vor dem Hintergrund der Eskalation des Kalten Krieges jedoch zurückzieht, bewirbt sich Kanada ein zweites Mal – und gewinnt. Wie so oft geht dabei die Initiative von Privatpersonen aus. Ungewöhnlich ist die Lage des Expo-Geländes: man entscheidet sich für Inseln inmitten des St. Lorenz-Stromes, von denen eine sogar eigens für dieses Großereignis aufgeschüttet wird. Nicht nur aus diesem Grund sorgt man für eine vollkommen neu angelegte Infrastruktur mit Straßen, Brücken und U-Bahn; regionale Strukturentwicklung ist ja schon lange Usus bei den Weltausstellungen. Neu ist darüber hinaus die eindeutige Festlegung auf ein Schwerpunktthema. »Terre des Hommes« lautet das Motto in Anlehnung an den gleichnamigen Roman von Antoine de Saint-Exupéry (1900-1944). »Der Mensch und seine Welt« – so die offizielle, relativ freie Übersetzung – steht in mehreren Themenpavillons im Mittelpunkt: der Mensch als Forscher, der Mensch als Produzent, der Mensch und die Gesundheit, der Mensch und das Leben usw. Deutlich übertroffen wird die Zahl dieser themengebundenen Ausstellungsgebäude durch die Menge der nationalen Pavillons. Räumlich sind beide nicht voneinander getrennt.

Obwohl eine Vielzahl der Expo-Bauten erwähnenswert wäre, sollen hier lediglich zwei Projekte vorgestellt werden: der deutsche Pavillon und die Wohnsiedlung »Habitat«. Unter den Nationalpavillons zählt wieder einmal der Beitrag Deutschlands zu den wichtigsten. Wie schon 1958 handelt es sich um ein Gemeinschaftsprojekt von zwei Architekten, die zunächst unabhängig voneinander eingeladen waren. Rolf Gutbrod (1910-1999) und Frei Otto (*1925) reichen bei dem recht frei formulierten Architekturwettbewerb auf Initiative des Ersteren jedoch einen gemeinsamen Entwurf ein und gewinnen die Konkurrenz mit einem ungewöhnlichen Vorschlag: Sie konstruieren eine regelrechte Ausstellungslandschaft, die aus einer terrassenförmigen Ansammlung ein- und zweigeschossiger Pavillons um einen zentralen Teich besteht und von einem riesigen Zeltdach überspannt wird. Diese Art der Überdachung ist nicht zuletzt von dem wenige Jahre später durch Frei Otto mitgestalteten Münchner Olympiastadion (1972) bekannt. In Montreal ist das Hängedach aus netzförmig gespannten Seilen, unter denen sich die eigentliche Dachhaut befindet, an acht Masten unterschiedlicher, bis zu 38 m messender Höhe angebracht. Es überdeckt eine Fläche von etwa 8.000 m² und setzt mit seiner unregelmäßigen Form ein markantes Zeichen auf dem Ausstellungsgelände. Die Unterteilung in Ausstellungsräume und Überdeckung, ja die immer stärker werdende Verselbständigung des Daches ist eine Tendenz, die 1964 in New York (auf einer vom BIE nicht registrierten Expo) bei verschiedenen Bauwerken sichtbar wird, sich in Montreal wiederholt und schließlich bei der nächsten großen Weltausstellung in Osaka (1970) ihren Höhepunkt findet. Endgültig durchgesetzt hat sich mit Montreal auch die reine Pavillonausstellung – auf große Hallen wird fortan verzichtet.

Einer völlig anderen architektonischen Aufgabe als der zuvor genannten widmet sich, ebenfalls im Rahmen der »Expo 67«, der kanadisch-israelische Architekt Moshe Safdie (*1938). Mit seinem Projekt »Habitat« versucht er ein neuartiges Strukturprinzip in den Siedlungsbau einzubeziehen. Seine Idee ist es, einzelne vorgefertigte Raumkörper aus Beton zu wabenähnlichen, unregelmäßigen Gebilden zusammenzufügen, um so zu einem Komplex aus hoch verdichteten, rationellen

94 Der »Deutsche Pavillon« auf der Expo 67 in Montreal
Der deutsche Pavillon auf der Expo 67 sorgt vor allem durch seine kühne Dachlandschaft für großes Aufsehen. Ihr Architekt Frei Otto, der sich zuvor nur theoretisch mit der Konstruktion leichter Flächentragwerke auseinandergesetzt hat, realisiert erstmals ein solches auf der Weltausstellung in Montreal. Im Jahr der Demontage (1972) findet der Entwurf einen würdigen Nachfolger im Dach des Münchner Olympiastadions.

95 Die Wohnanlage »Habitat 67« in Montreal
»Habitat 67« ist der durchaus gelungene Versuch, individuelle Wohnbedürfnisse mit einer hohen Wohndichte zu verbinden und dabei zugleich der Monotonie im zeitgenössischen Wohnungsbau durch eine stark plastische Architektur zu begegnen. Die Anlage ist noch heute eine bevorzugte Wohnadresse in Montreal.

und dennoch individuellen Wohneinheiten zu gelangen. Fünfzehn und mehr verschiedene Grundrisstypen sind möglich. Von der Einraumwohnung bis zum Luxusappartement können die Betonboxen (5 x 11 x 3 m) wie Lego-Steine je nach Bedürfnis zusammengebaut werden. 1.000 Wohnungen in 22 Stockwerken sieht das Konzept vor. Verwirklicht wird für die Expo nur ein Bruchteil der Planung. Aus 354 Einzelkompartimenten entstehen 158 Wohneinheiten, die sich in zwölf Stockwerken verschachtelt übereinander türmen. Errichtet als architektonisches Experiment überdauert dieser Baukomplex in der »Cité du Havre« die Weltausstellung und wird nach wie vor bewohnt.

Richtungsweisend ist die Expo in Montreal auch noch in einer weiteren Hinsicht: Die Veranstalter bauen das kulturelle Rahmenprogramm zu einem sechsmonatigen Kulturfest aus. Mit etwa 20.000 Veranstaltungen werden dem Publikum quasi ununterbrochen kleinere und größere Events präsentiert. Diese Art der Nebenveranstaltungen wird fortan zum festen Bestandteil der Weltausstellungen. Die vor allem für das 19. Jahrhundert so charakteristischen begleitenden (Fach-)Kongresse werden hingegen immer unwichtiger und fallen – sofern sie überhaupt noch stattfinden – nicht mehr ins Gewicht.

Als nächste Weltausstellung der 1. Kategorie richtet Japan in **Osaka** die **»Nippon Bankoko Hakurani« (1970)** aus, bekannter unter dem Namen »Expo 70«. Schon mindestens dreimal hatte Japan versucht, sich die erste Weltausstellung in Asien zu sichern, war aber aus verschiedenen Gründen immer wieder gescheitert. Als das BIE 1965 den Zuschlag gibt, geht man zügig an die Vorbereitungen. Maßgeblicher Kopf ist der japanische Architekt Kenzo Tange (*1913). Er plant zunächst, alle Beiträge in eine, wenn auch weiträumig konzipierte Großstruktur einzufügen und besinnt sich damit auf die Konzepte des 19. Jahrhunderts. Im Zeitalter des Individualismus ist ein solches Vorhaben jedoch unweigerlich zum Scheitern verurteilt. Vor allem die ausstellenden Firmen haben größtes Interesse daran, sich von der Konkurrenz deutlich abzusetzen. Ergebnis ist eine äußerst heterogene Pavillonarchitektur, die sich bewusst so auffällig wie möglich präsentiert. Raumtragwerke unterschiedlichster Form (zentrale »Symbolzone«, Toshiba-IHI-Pavillon, Sumitomo/Märchen-Pavillon), aufblasbare Konstruktionen (USA, Fuji-Pavillon) und Lichtskulpturen (Schweiz), allesamt in kräftigen Farben, lassen die »Expo 70« – überspitzt formuliert – wie eine Kulisse zu einem Science-fiction-Film erscheinen. Diese Art von experimenteller Architektur wird insofern möglich, als die Weltausstellungsgebäude ihre ursprüngliche Funktion, nämlich der Präsentation von Objekten zu dienen, weitestgehend verloren haben. Im Inneren überwiegen nun akustische und optische Präsentationen, elektronische Informationstransfers liegen ebenso im Trend wie Multimedia-Konzepte. Der Wandel in der Architektur ist somit symptomatisch für den Wandel von der traditionellen Industriegesellschaft zu einer modernen Informations- und Mediengesellschaft.

In diese Richtung zielt auch der deutsche Beitrag, bei dem die Musik deutscher Komponisten im Mittelpunkt steht. Der Pavillon selbst, nach verschiedenen Wettbewerben und Unstimmigkeiten schließlich von Fritz Bornemann (*1912) gebaut, befindet sich nahezu vollständig unterhalb des Bodenniveaus. Eine Spirale als Eingang, vier Zylinder in unregelmäßiger Anordnung und ein kugelförmiges Auditorium, das sich nach außen in einer großen Kuppel fortsetzt, sind die architektonischen Hauptbestandteile der »Gärten der Musik«. Sehr gezielt entscheidet man sich für diese unterirdische Lösung, einen sehr frühen, aber zunächst verworfenen Ansatz, um vom Lärm und der Hektik der Außenwelt Abstand und damit die notwendige Ruhe für die akustischen und optischen Erlebnisse zu gewinnen. Unter nahezu konsequentem Verzicht auf eine umfassende Information und

96 Der »Deutsche Pavillon« auf der Weltausstellung in Osaka 1970
Über eine weitläufige Spirale betritt der Weltausstellungsbesucher 1970 den vorwiegend unterirdisch gelegenen Pavillon der Bundesrepublik Deutschland. Abgeschieden von Lärm und Hektik kann er sich hier ungestört dem von dem deutschen Avantgarde-Komponisten Karl-Heinz Stockhausen zusammengestellten Musikprogramm widmen.

WEDNESDAY

Produktpräsentation wird dem Publikum ein von Karl-Heinz Stockhausen speziell für Osaka zusammengestelltes Programm aus klassischen, zeitgenössischen und eigenen Kompositionen geboten. Eine ausgeklügelte Klang- und Lichttechnik macht den Besuch im Auditorium mit seinen über 600 Einzellautsprechern und unzähligen Scheinwerfern zu einem einmaligen Erlebnis, gleichgültig ob die Musik vom Band kommt (wie an den Vormittagen) oder ob man den nachmittäglichen und abendlichen Live-Konzerten beiwohnt. Insgesamt wird die primär künstlerisch-intellektuelle Ausrichtung der deutschen Selbstdarstellung positiv bewertet. Sie führt sogar letztlich zu der grundsätzlichen Entscheidung der bundesrepublikanischen Gremien, die Verantwortlichkeit für die deutsche Präsentation auf künftigen Weltausstellungen dem Auswärtigen Amt zu übertragen und nicht mehr wie bislang dem Wirtschaftsministerium.

97 »Toshiba-IHI-Pavillon«
auf der Weltausstellung in Osaka 1970
Ein markantes Beispiel für die experimentierfreudige Architektur der Weltausstellung in Osaka (1970) ist der Toshiba-IHI-Pavillon des Architekten Noriaki Kurokawa. Mit seinem aus einer Vielzahl von Tetraedern zusammengesetzten Raumtragwerk gleicht er mehr einer riesigen Skulptur denn einem Gebäude. An seinem konstruktiven Gerüst hängt ein überkuppelter Theatersaal, der hydraulisch auf Bodenniveau abgesenkt werden kann, um das Publikum hinein und hinaus zu lassen.

Die Zeit nach 1970 zeichnet sich aus durch verschiedene Welt-Fachausstellungen und durch mehrere bereits durch das BIE registrierte, aber kurzfristig abgesagte Universalausstellungen der 1. Kategorie (Philadelphia 1976, Los Angeles 1981, Paris 1989, Chicago 1992, Wien/Budapest 1995). Wiederum vergehen 22 Jahre bis zur nächsten Expo. Dann lädt Spanien die Welt ein weiteres Mal ein, diesmal nach Andalusien. Bei der Vorbereitung der **»Exposición universal de Sevilla 1992«** nutzt man u. a. die Unterstützung der Europäischen Union, welche für strukturell benachteiligte Regionen spezielle Finanzhilfen zu Verfügung stellt. Allein schon wegen des neuen Flughafens, der Neubautrasse für Hochgeschwindigkeitszüge nach Madrid, der zusätzlichen Autobahnteilstücke sowie der zahlreichen innerstädtischen Strukturverbesserungen hat sich die Expo für Sevilla »gelohnt«. Was der Besucher mit nach Hause tragen kann, steht auf einem anderen Blatt. Denn aufgrund der immer ausgeklügelteren Multimedia- und Kommunikationstechniken erübrigt sich eigentlich eine Weltausstellung; es beginnt vielmehr die Zeit, in der man die Welt per Mausklick in sein Wohnzimmer holen kann. Dennoch sind in Spanien mit über 100 mehr Nationen als je zuvor vertreten. Ihre 65 Länder- und fünf Gemeinschaftspavillons, sowie die Bauten von internationalen Organisationen und den diesmal nur vereinzelt auftretenden Firmen (zu ihnen zählt Siemens) sind zwar sehr individuell und vielfältig, aber nicht mehr so extrem wie in Osaka gestaltet. Edle Materialien, elegante Formen und die Auseinandersetzung mit neuen Energiekonzepten zeichnen die Gebäude aus. Außergewöhnliches Aufsehen erregt keines von ihnen. Gleichzeitig fällt auf, dass die Berichterstattung über das Großereignis Weltausstellung längst nicht mehr so umfangreich ist wie noch in den Jahrzehnten zuvor. Mit ihrem zentralen Thema »Zeitalter der Entdeckungen«, das auf die Ankunft von Colum-

98 »Siemens-Pavillon« auf der Expo 92 in Sevilla
Die Firma Siemens präsentiert sich in Sevilla mit einem High-Tech-Gebäude par excellence. Da der zylinderförmige Pavillon nach Beendigung der Expo 92 als Zweigniederlassung des Konzerns weitergenutzt werden soll, setzt man u. a. auf die Solarenergie. Mit ihrer Hilfe wird beispielsweise der automatisch dem Sonnenstand sich anpassende Sonnenschutz gesteuert.

bus in Amerika 1492 anspielt, gibt sich die »Expo 92« allerdings auch mehr retrospektiv als zukunftsorientiert. Kritische Kommentatoren bemängeln gar, dass sie weder eine Botschaft noch visionäre Ideen zu vermitteln vermag.

Letzteres wird folgerichtig zum erklärten Ziel der **»EXPO 2000«** in **Hannover**, der ersten Weltausstellung auf deutschem Boden nach dem gescheiterten Vorstoß vom Ende des 19. Jahrhunderts. Sie trägt den Untertitel »Mensch-Natur-Umwelt«. Ein 100.000 m² großer Themenpark steht – inhaltlich und räumlich – im Zentrum der Expo. Hier wird die Welt der Zukunft entworfen. Hier werden Ideen und Lösungen für das Zusammenleben der Menschheit im Einklang mit der Natur entwickelt. In elf Einzelausstellungen widmen sich die Veranstalter den großen Zukunftsfragen: dem Menschen und seinen Grundbedürfnissen, der Ernährung, der Umwelt, der Energie, der Gesundheit, der Arbeit, der Mobilität und der Kommunikation. Eine weitere Halle mit den Themen »Das 21. Jahrhundert« und »Planet of Visions« runden die Präsentation ab. »Bekannte Szenografen machen den Themenpark zusammen mit Experten aus Wissenschaft, Wirtschaft und Kultur zu einem multimedialen Abenteuer« verlautet von offizieller Seite. Da die genannten Fragestellungen nicht national isoliert betrachtet werden können, entschließt man sich zu parallel geschalteten »weltweiten Projekten«. Hierbei handelt es sich um die Darstellung von globalen Themen in regionalen Kontexten, beispielsweise das »Geowärmeprojekt in Erding« (Mehrfachnutzung von Thermalwasser) oder »Siedlungsmodelle in Bayern« (zukunftsorientierte Stadtentwicklung in zwölf Kommunen), um nur zwei der 281 nationalen (20 davon in Bayern) und 486 internationalen Projekte zu nennen. Mit dieser »zweiten Säule« des vierteiligen Expo-Konzeptes wird erstmals der zentrale Ausstellungsbereich einer Weltausstellung um dezentrale Expositionen ergänzt. Ziel ist die vor Ort, im »Haus der weltweiten Projekte«, im Deutschen Pavillon und via Terravision geführte Diskussion und Präsentation von Lösungsansätzen für aktuelle Probleme. »Weltweite Vernetzung« heißt das Zauberwort.

Im Gesamtkonzept der EXPO 2000 bilden die Nationenpavillons als »dritte Säule« einen wesentlichen Bestandteil. Die kleineren und auch die ärmeren Länder nutzen Flächen in den vorhandenen Hallen des Hannoveraner Messegeländes. Die anderen greifen für ihren Auftritt in separaten Pavillons tief in die Tasche. Insgesamt werden über 170 Nationen und internationale Organisationen registriert. Allein die USA sagen kurzfristig ab – wegen ungesicherter Finanzierung. Die übrigen Teilnehmer verpflichten sich dem Leitthema, dem Fortschritt in Einklang von Mensch, Natur und Technik. Auf diese Weise soll in Hannover ein Traum Wirklichkeit werden, »ein globales Dorf, in dem alle Nationen gemeinsam die Welt der Zukunft planen.« Die Realität sieht dann aber doch nicht ganz so »ideal« aus, oder zumindest wird dies dem Besucher nicht unbedingt deutlich. Vielmehr findet er wie bei den meisten Weltausstellungen der Vergangenheit Selbstdarstellungen einzelner Länder vor und lernt ausschnitthaft deren Kultur aus Vergangenheit und Gegenwart kennen. Dass dabei gerade die Ausstellungen der arabischen, fernöstlichen und Dritte-Welt-Länder großen Zulauf haben, scheint gar nicht so verwunderlich. Das Fernweh, das schon unsere Vorfahren im 19. Jahrhundert auf die Universal- und Kolonialausstellungen mit ihren »Völkerschauen« zog, gibt es (in abgemilderter Form) noch immer. Denn – einmal ganz ehrlich – wer lässt sich nicht gern von den Farben, den Klängen, den Düften und den Speisen fremder Völker verführen? Und sind es nicht am Ende sogar diese haptischen Eindrücke, die länger und tiefer in Erinnerung bleiben als all die computergesteuerten Bilderwelten der »modernen« Wissensvermittlung?

Als Gastgeberland präsentiert sich Deutschland in einem der größten Nationenpavillons. Wieder einmal bestimmen Zwistigkeiten, Pannen und negative Schlagzeilen die Planungsphase des Gebäudes. Der bei einem Wettbewerb ausgelobte Architekt Florian Nagler muss im Laufe der Vorbereitung seine Pläne zweimal grundlegend umarbeiten. Als ihm dann – weniger als zwei Jahre vor der Eröffnung – die künstlerische Oberleitung für die Bauausführung verweigert wird, kündigt er die Zusammenarbeit mit der Expo-Leitung auf. An seine Stelle tritt der Architekt und Bauunternehmer Josef Wund, dessen Unternehmensgruppe bereits zuvor als Investor eingestiegen ist. Nach seinen Entwürfen entsteht ein allseits von konkaven Glasflächen begrenzter Pavillon. Ein System aus wenigen schlanken Glasstützen (mit Stahlkern) und die Glashaut selbst bilden das konstruktive Grundgerüst. Ein leicht geschwungenes Holzdach aus sechs Elementen überdeckt den 130 m langen und 90 m breiten Bau. Transparenz, Leichtigkeit und Eleganz sollen die Besucher zum Eintritt einladen. Innen erwartet sie zunächst als »Pre-Show« die »Ideenwerkstatt Deutschland«, symbolisiert durch dreidimensionale Köpfe deutscher Vor- und Querdenker aus allen Jahrhunderten. In der anschließenden »Main-Show« wird den Besuchern – während sie in einem verdunkelten Raum auf einem der sechs brückenartigen Verbindungsstege stehen – ein Flug über Deutschland in spektakulärer Rundumprojektion geboten (vgl. das »Futurama« in New York 1939!). Abschließend ist in der »Post-Show« der sogenannte »Mediale Garten« zu durchqueren, eine audio-visuelle High-Tech-Rauminstallation aus Bewegung, Licht, Ton und dreidimensionalen Objekten. Hier zeigen die sechzehn Bundesländer je ein länderspezifisches Objekt: ein Wikingerschiff aus dem 14. Jahrhundert (Mecklenburg-Vorpommern), die Gutenberg-Bibel von 1452/55 (Rheinland-Pfalz), den Benz-Patent-Motorwagen von 1886 (Baden-Württemberg), den Deutsch-Französischen Vertrag von 1956 (Saarland), einen Felsbrocken von der Zugspitze (Bayern) und anderes mehr. Auch der »Gläserne Mensch« aus Dresden (Sachsen), der schon auf der Weltausstellung von 1937 Furore gemacht hat, ist mit von der Partie.

Das die Ausstellung begleitende Kultur- und Ereignisprogramm, die »vierte Säule« des Expo-Konzeptes, könnte kaum umfangreicher sein. Allein im Deutschen Pavillon wird den Besuchern täglich von morgens bis kurz vor Mitternacht ein Programm angeboten, das sich um das Live-Erlebnis von Sprache und Musik dreht. Wöchentlich wechselnd präsentieren sich in diesem Kontext die einzelnen Bundesländer mit ihren spezifischen Schwerpunkten kultureller Art. Doch damit bei weitem nicht genug! Das eigentliche Nebenprogramm findet außerhalb dieses Pavillons statt. Unter dem Motto »Welten treffen aufeinander« wird ein Kulturereignis wahrhaft globaler Dimension geboten, Tag für Tag, Nacht für Nacht, Woche für Woche. Für die 153 Weltausstellungs-Tage organisiert die EXPO-Gesellschaft weit mehr als 10.000 Einzelveranstaltungen wie Konzerte, Theateraufführungen, Shows oder Sport-Events. Für jeden Geschmack soll etwas dabei sein, jeder soll seine »Nische« finden können. Zusammen mit den unzähligen Unterhaltungsprogrammen der ausstellenden Nationen entsteht ein »Dauerfestival« bisher unbekannter Dimension.

Aber nicht alle Erwartungen haben sich in Hannover erfüllt. So sind von den rund 40 Millionen prognostizierten Besuchern weniger als die Hälfte (18,1 Millionen) gekommen. Die finanziellen Planspiele sind bei weitem nicht aufgegangen und das sicherlich nicht nur, weil man während der Laufzeit der Ausstellung die Eintrittspreise gesenkt hat. Das finanzielle Defizit wurde gar – entgegen ursprünglichen Verlautbarungen – von öffentlicher Seite übernommen, so dass jeder Bundesbürger sein »Scherflein« zur Schuldentilgung beiträgt. »Die EXPO 2000 ist eine Chance für Deutschland, seine Vielfalt, Leistungsfähigkeit und Lösungskompetenz unter Beweis zu stellen« formulierte der Bundestag im Vorfeld der ersten deutschen Weltausstellung.

Inwieweit sie sich unter dem Strich wirklich »gelohnt« hat, mag jeder für sich selbst entscheiden. Aber dennoch dürfte eines nach Beendigung der EXPO 2000 deutlich sein: Das persönliche Erlebnis jedes Einzelnen ist nicht ersetzbar trotz des allgemeinen Trends zur Visualisierung der Welt. Hunger nach Erlebnissen und unmittelbarer Teilhabe am Geschehen wird die Menschen auch weiterhin auf Weltausstellungen ziehen. Sie werden in erster Linie mehr oder weniger anspruchsvolle Unterhaltung suchen, spannend inszenierte Information. Die Begegnung mit anderen Kulturen, ja ganz einfach Neugier werden wichtige Triebfedern bleiben. Live-Erlebnisse im begleitenden Kultur- und Ereignisprogramm sind dann ebenso wichtig wie zugehörige Großveranstaltungen. All dies hat Hannover bewiesen. Und nicht von ungefähr haben die Initiatoren auf ihre in mehreren einhunderttausend Exemplaren verteilten Broschüre die EXPO 2000 als »größtes Fest der Welt« beworben. Auch wenn sich die Inhalte im Laufe von 150 Jahren grundlegend geändert haben, Weltausstellungen sind und bleiben beliebte Treffpunkte für Menschen aus aller Herren Länder, ganz gleich ob sie als Aussteller, Akteure oder Besucher anreisen.

99 **Werbematerial von der EXPO 2000**
Bei der bislang letzten Weltausstellung gibt es keine offiziellen Medaillen, keine signifikanten Gebäude und keine Wahrzeichen mehr. Kaufen kann der Besucher zwar eine Menge, vor allem exotische Gebrauchs- und Ziergegenstände, doch gibt es eigentlich nichts, was zur bleibenden Erinnerung beiträgt. Waren wie Werbeprospekte, Briefmarken und Ansteck-Pins sind Beispiele für die Erzeugnisse unserer schnelllebigen Wegwerf-Gesellschaft.

Ausgabe 68 · EXPO2000-Tag 68 · Montag, 7. August 2000
EXPO2000
NEWS
Die offizielle Zeitung zur Weltausstellung
Nationentag
Themenpark
EXPO2000-Service
Highlights heute
Highlights morgen
Straßenspektakel
Tipp des Tages
Weltpartner/World Partners
Baan
Bertelsmann
Die Bahn
DB
Official Carrier
Lufthansa
Official Airline
Schweden | Sweden
JAPAN Pavillon
EXPO 2000 Hannover
JAPAN Pavilion
EXPO 2000 Hannover
zur Weltausstellung
EXPO-Filmfest
EXPO2000-Service
Der Christus-Pavillon im Überblick
Christus-Pavillon
MARKENSET
EXPO2000 HANNOVER
Porto für unterwegs
Deutsche Post

Namensregister

Bibliographie der wichtigsten und im Text verwendeten Literatur

Allgemeine Literatur

Ines Augustin: Die Medaillen und Plaketten der großen Weltausstellungen. 1851 – 1904. Diss. Karlsruhe 1985.

Dr. [Julius] Basch: Über die großen Weltausstellungen, aus Anlaß der Ausstellung von 1867. In: Zeitschrift für die gesamte Staatswissenschaft, Bd. 25, 1869, S. 94-124.

Uwe Beckmann: Gewerbeausstellungen in Europa vor 1851. Frankfurt a.M. 1991.

Wolfgang Friebe: Die Architektur der Weltausstellungen. Leipzig 1983.

Historical Dictionary of World's Fairs and Expositions, 1851-1988. Hrsg. von John E. Findling u. Kimberley D. Pelle. New York – Westport – London 1990.

Franz Jaffé: Ausstellungsbauten [für Weltausstellungen]. In: Handbuch der Architektur, IV. Teil, 6. Abteilung, 4. Abschnitt: Gebäude für Sammlungen und Ausstellungen. 2. Aufl., Stuttgart 1906, S. 572-636.

Christine Kalb: Weltausstellungen im Wandel der Zeit und ihre infrastrukturellen Auswirkungen auf Stadt und Region (Europäische Hochschulschriften, Reihe V, Bd. 1570). Frankfurt a.M. – Berlin – Bern – New York – Paris – Wien 1994.

Chicago Architecture 1872-1922. Birth of a Metropolis. Ausst. Kat. Chicago Art Institute 1988. München 1987.

Der Traum vom Glück. Die Kunst des Historismus in Europa. 24. Europarat-Ausstellung. 2 Bde., Wien 1996.

Weltausstellungen im 19. Jahrhundert. Ausst. Kat. Neue Sammlung München. Bearb. von Christian Beutler. München 1971.

Winfried Kretschmer: Geschichte der Weltausstellungen. Frankfurt a.M. – New York 1999.

Evelyn Kroker: Die Weltausstellungen im 19. Jahrhundert. Industrieller Leistungsnachweis, Konkurrenzverhalten und Kommunikationsfunktion unter Berücksichtigung der Montanindustrie des Ruhrgebietes zwischen 1851 und 1880. Göttingen 1975.

Petra Krutisch: Weltausstellungen und Neorenaissance. Foren für die Wiederentdeckung der Renaissance im Kunstgewerbe des 19. Jahrhunderts. In: Renaissance der Renaissance. Aufsätze. (Schriften des Weserrenaissance-Museums Schloß Brake, Bd. 6). München – Berlin 1992, S. 35-50.

Julius Lessing: Das halbe Jahrhundert der Weltausstellungen. Berlin 1900.

Patricia Mainardi: Art and Politics of the Second Empire. The Universal Exhibitions of 1855 and 1867. New Haven – London 1989.

Erik Matthie: Weltausstellungen. Stuttgart – Zürich 1998.

Franz Reuleaux: Das Buch der Erfindungen, Gewerke und Industrien. Leipzig 1892.

Robert W. Rydell: All the World's a Fair. Visions of Empire and American International Expositions, 1876-1916. Chicago – London 1984.

Erich Schild: Zwischen Glaspalast und Palais des Illusions. Form und Konstruktion im 19. Jahrhundert. Frankfurt a.M. – Berlin 1967.

Dirk Schindelbeck: Welttheater. Zur Kommunikationsgeschichte der Weltausstellungen. In: Universitas. Zeitschrift für interdisziplinäre Wissenschaft, Jg. 54, 1999, Nr. 641, S. 1069-1082.

Thomas Schriefers: Für den Abriß gebaut? Anmerkungen zur Geschichte der Weltausstellungen. Hagen 1999.

Wolfgang Schütte: Die Idee der Weltausstellung und ihre bauliche Gestaltung. Eine gebäudekundliche Studie als Material zu einer Baugeschichte des 19. Jahrhunderts. Diss. (mschr.) Hannover 1945.

Pollard Sidney: „Made in Germany" – die Angst vor der deutschen Konkurrenz im spätviktorianischen England. In: Technikgeschichte, Bd. 54, 1987, S. 183-195.

Paul Sigel: Exponiert. Deutsche Pavillons auf den Weltausstellungen. Berlin 2000.

Skizzen aus dem Entwicklungsgang und den Erlebnissen Dr. Johann Caspar Beeg's. Nürnberg 1867.

Franz Sonnenberger u. Helmut Schwarz: Johann Caspar Beeg. 1809-1867. Lebenslinien eines Technokraten. Nürnberg 1989.

Martin Wörner: Die Welt an einem Ort. Illustrierte Geschichte der Weltausstellungen. Berlin 2000.

150 Jahre Faszination Weltausstellung (Damals *Spezial*. Das aktuelle Magazin für Geschichte und Kultur, 30. Jg.). Berlin 1998.

London 1851

Leslie Lewis Allen: The World's Show. Coincraft's Catalogue of Crystal Palace Medals and Tokens 1851-1931. London 2000.

Amtlicher Bericht über die Industrie-Ausstellung aller Völker zu London im Jahr 1851. Hrsg. von der Berichterstattungs-Kommission der Deutschen Zollvereins-Regierungen. 3 Bde., Berlin 1852-1853.

Jeffrey A. Auerbach: The Great Exhibition of 1851. A Nation on Display. New Haven – London 1999.

M. Blanqui: Über die Welt-Industrie-Ausstellung in London. Aus dem Französischen von Dr. Brentano. Fürth 1852.

Lothar Bucher: Kulturhistorische Skizzen aus der Industrieausstellung aller Völker. Frankfurt a.M. 1851.

Illustrated Catalogue London 1851 (The Art-Journal, Special Issue). London 1851.

G[angolf] Delabar: Bericht über die Weltindustrieausstellung zu London im Jahr 1851, erstattet im Auftrage der Industriekommission in der Hauptversammlung der St. Gallisch-Appenzellischen gemeinnützigen Gesellschaft zu Wattwil, den 23. Oktober 1851. St. Gallen – Bern 1852.

The Great Exhibition 1851. Official Descriptive and Illustrated Catalogue. 5 Bde., London 1851, bes. Bd. 4: Colonies and Foreign States.

Yvonne Ffrench: The Great Exhibition. London 1951.

Theodor Fontane: Ein Gang durch den leeren Glaspalast. In: Theodor Fontane: Sämtliche Werke. Frankfurt a.M. 1963, Bd. 17: Aus England und Schottland, S. 10-11.

Theodor Fontane: Kristallpalast-Bedenken. In: Theodor Fontane: Sämtliche Werke. Frankfurt a.M. 1963, Bd. 17: Aus England und Schottland, S. 587-591.

Chup Friemert: Die Gläserne Arche. Kristallpalast London 1851 und 1854. München 1984.

C.H. Gibbs-Smith: The Great Exhibition of 1851. A Commemorative Album. London 1951.

Utz Haltern: Die Londoner Weltausstellung von 1851. Ein Beitrag zur Geschichte der bürgerlich-industriellen Gesellschaft im 19. Jahrhundert. Münster 1971.

Karl Marx und Friedrich Engels: Revue, Mai bis Oktober (1850). In: Karl Marx, Friedrich Engels. Werke. Hrsg. vom Institut für Marxismus-Leninismus beim ZK der SED, Bd. 7, Berlin 1971, S. 421-463.

Ernst Freiherr von Merck: Reiseerinnerungen aus London und Paris, 1851. Hrsg. von Gustav Schiefler. Hamburg 1900.

R. Scherer: Londoner Briefe über die Weltausstellung. Leipzig 1851.

Gottfried Semper: Wissenschaft, Industrie und Kunst. Vorschläge zur Anregung nationalen Kunstgefühls bei dem Schlusse der Londoner Industrie-Ausstellung. Braunschweig 1852.

Tallis's History and Description of the Crystal Palace, and the Exhibition of the World's Industry in 1851. 2 Bde., London – New York 1851.

Ernst Werner: Der Kristallpalast zu London. Düsseldorf 1970.

F.G. Wieck: Die Wunder des Glaspalastes. Ein Festgeschenk für die Jugend. Leipzig 1852.

M.D. Wyatt: A Report on the Eleventh French Exposition of the Products of Industry. London 1849.

Paris 1855

Amtlicher Bericht über die allgemeine Pariser Weltausstellung von Erzeugnissen der Landwirthschaft, des Gewerbefleißes und der Schönen Kunst im Jahre 1855. Erstattet unter Mitwirkung der Herren und Berichterstatter der Deutschen Staatsregierungen durch Dr. G. von Viehbahn und Dr. Schubarth. Berlin 1856.

Lothar Bucher: Paris. Die Ausstellung von 1855. In: Lothar Bucher: Bilder aus der Fremde. Berlin 1862, Bd.1, S. 238-349.

Preußens Vertretung in der Pariser Ausstellung von 1855. In: Archiv für Landeskunde der Preußischen Monarchie, 1856, 3. Quartal, S. 311-392, und 4. Quartal, S. 298-369.

Moritz Gottlieb Saphir: Pariser Briefe über Leben, Kunst, Gesellschaft und Industrie zur Zeit der Weltausstellung im Jahr 1855. Pest – Wien – Leipzig 1856.

Georg Schirges: Die zweite Weltausstellung mit besonderer Berücksichtigung der deutschen Industrie. Frankfurt a.M. 1855.

London 1862

Amtlicher Bericht über die Industrie- und Kunstausstellung zu London im Jahre 1862. Berlin 1863.

Illustrirter Katalog der Londoner Industrie-Ausstellung von 1862. Leipzig 1863.

The International Exhibition of 1862. Ausst. Kat. Victoria and Albert Museum London. London 1982.

Special-Catalog der gewerblichen Ausstellung des Zollvereins [zur] Londoner Ausstellung 1862. Hrsg. von den Commissarien der Zollvereins-Regierungen, 2. Ausg., Berlin 1862.

J. B. Waring: Masterpieces of the Industrial Art and Sculpture at the International Exhibition, 1863, 3 Bde., London 1863.

Paris 1867

Illustrated Catalogue of the Universal Exhibition, published with The Art Journal. London – New York 1868.

A[dolf] Ebeling: Die Wunder der Pariser Welt-Ausstellung 1867. Köln 1867.

Exposition universelle de 1867 a Paris. Catalogue General publié par la Commission Imperial. Paris 1867.

Jacob Falke: Die Kunstindustrie der Gegenwart. Studien auf der Pariser Weltausstellung im Jahre 1867. Leipzig 1868.

Wilhelm Lübke: Bericht über die künstlerische Abtheilung der Allgemeinen Ausstellung zu Paris. Stuttgart 1867.

Jules Mesnard: Les Merveilles de l'Exposition universelle de 1867. Paris 1867.

Die Pariser Weltausstellung 1878. Illustrirte von der Commission autorisierte deutsche Ausgabe. Paris 1878.

Friedrich Pecht: Kunst und Kunstindustrie auf der Weltausstellung von 1867. Pariser Briefe. Leipzig 1867.

Julius Rodenberg: Paris bei Sonnenschein und Lampenlicht. Ein Skizzenbuch zur Weltausstellung. Leipzig 1867.

Johann Schaubruch: Hochherziges Betragen eines moralischen Deutschen od. Teutonen auf der Pariser Weltausstellung 1867. Mainz 1872.

Julius Schuster: Bericht über die Pariser Weltausstellung im Jahre 1868. Hermannstadt 1868.

Fritz Walch: Das Gebäude der Pariser Weltausstellung 1867. Diss. Karlsruhe 1967.

Wien 1873

Amtlicher Katalog der Ausstellung des Deutschen Reiches [zur Wiener Weltausstellung 1873]. Berlin 1873.

Internationale Ausstellungs-Zeitung. Beilage der Neuen Freien Presse (Wien). Wien 1873.

Jacob Falke: Das Kunstgewerbe. In: Kunst und Kunstgewerbe auf der Wiener Weltausstellung 1873. Hrsg. von Carl von Lützow. Leipzig 1875, S. 41-180.

H. Grothe: Stimmen über Kunstgewerbe auf der Ausstellung in Wien 1873. Eine kritische Beleuchtung. Berlin 1874.

Julius Lessing: Das Kunstgewerbe auf der Wiener Weltausstellung 1873. Berlin 1874.

Carl von Lützow: Kunst und Kunstgewerbe auf der Wiener Weltausstellung 1873. Leipzig 1875.

August Onken: Die Wiener Weltausstellung (Deutsche Zeit- und Streitfragen. Flugschriften zur Kenntniß der Gegenwart, Jg. 11, H. 17-18). Berlin 1873.

Friedrich Pecht: Kunst und Kunstindustrie auf der Wiener Weltausstellung 1873, 2. Aufl., Stuttgart 1873.

Jutta Pemsel: Die Wiener Weltausstellung von 1873. Wien – Köln 1989.

Karlheinz Roschitz: Wiener Weltausstellung 1873. Wien – München 1989.

Franz Weller: Weltausstellungsalbum. Erinnerung an Wien 1873. Illustrirt von V. Kassler und E. Juch, 2. Aufl., Wien [1873].

Weltausstellung in Wien. Amtliches Verzeichnis der Aussteller, welchen von der internationalen Jury Ehrenpreise zuerkannt worden sind. 2. Aufl., Wien 1873.

Weltausstellung in Wien, Nr. 1 – 61 (Programm). Wien 1871-1872.

Philadelphia 1876

The Centennial Exposition Guide with Map and Description of all Buildings: What to see, where to go. Philadelphia 1876.

Georg Titus Ferris: Gems of the Centennial Exhibition consisting of illustrated descriptions of objects and of an artistic character, in the exhibits of the United States, Great Britain, France, Spain, Italy, Germany, Belgium, Norway, Sweden, Denmark, Hungary, Russia, Japan, China, Egypt, Turkey, India, Etc., Etc., at the Philadelphia International Exhibition of 1876. New York 1877.

Friedrich Goldschmidt: Die Weltausstellung in Philadelphia und die Deutsche Industrie. Drei Vorträge. Berlin 1877.

Hermann Grothe: Die Americanische Industrie und die Ausstellung in Philadelphia 1876. Zwei Vorträge, gehalten in der Polytechnischen Gesellschaft Berlin. Berlin 1877.

H. Heine: Professor Reuleaux und die deutsche Industrie. Eine Skizze auf Grundlage amerikanischer sowie deutscher Beobachtungen und Erfahrungen. Berlin 1876.

G[eorg] Hirth: F. Reuleaux und die deutsche Industrie auf der Weltausstellung in Philadelphia. München 1876.

Hotel Guest's Guide. The International Exhibition at Fairmount Park, Philadelphia, P.A., 1876, together with a synopsis of the leading attractions of the Cities of Philadelphia, New York and Boston. New York 1876.

[Frank] Leslie's Historical Register of the Centennial Exposition, 1876. Hrsg. von Frank B. Norton, New York 1977.

Philadelphia Exhibition 1876. Cast Steel Manufactory of Friedr. Krupp near Essen, Germany. Essen [1876].

Franz Reuleaux: Briefe aus Philadelphia. Braunschweig 1877.

Georg Seelhorst: Die Philadelphia-Ausstellung und was sie lehrt. Ein Weck- und Mahnruf für den deutschen Gewerbsmann. Nördlingen 1878.

[Carl Joachim von] Scheliha's Führer zur Weltausstellung in Philadelphia 1876, nebst Verzeichnis sämtlicher Aussteller des Deutschen Reiches sowie Österreichs. Philadelphia 1876.

Weltausstellung in Philadelphia 1876. Deutsche Abtheilung. Amtlicher Katalog. Berlin 1876.

Thompson Wescott: Centennial Portofolio. Philadelphia 1876.

J.M. Wilson: The History of the International Exhibition 1876. New York 1876.

Paris 1878

L'Exposition de Paris [1878] redigée par A. Bitard. Paris 1878.

Hermann Grothe: Die Betheiligung Deutschlands an der Pariser Ausstellung von 1878. Berlin 1876.

Friedrich Hermann: Praktischer Führer durch die Weltausstellung 1878. (Grieben's Reise-Bibliothek, No 70a) 2. verm. Aufl., Berlin 1878.

Ernst von Hesse-Wartegg: Die Pariser Weltausstellung. Wien – Pest – Leipzig 1878.

Adriaan A.M. de Jong: Volkskunde im Freien. Musealisierung und Nationalisierung des Landlebens 1850-1920. In: Ethnologia Europaea, Bd. 24, 1994, S. 139-148 (u.a. zur Hindeloopener Stube auf der Weltausstellung 1878).

Illustrirter Katalog der Pariser Weltausstellung von 1878. Hrsg. von W.H. Uhland. 2 Bde., Leipzig 1880.

Julius Lessing: Bericht von der Pariser Weltausstellung 1878. Berlin 1878.

Sidney 1879/80, Melbourne 1880/81

Franz Reuleaux: Aus der deutschen Abteilung der Melbourner Industrie-Ausstellung 1880-1881. In: Glasers Annalen, Bd. 8, 1881, S. 365-370.

V. Schönberger: Bericht über die Internationalen Weltausstellungen in Sydney und Melbourne 1879-1881. Wien 1882.

Paris 1889

L'Exposition de Paris [1889] publiée avec la Collaboration d'Écrivains speciaux. 4 Bde., Paris 1889.

Illustrirtes Prachtalbum der Weltausstellung 1889. Ausgabe mit deutschem Text. Paris 1890.

Livre d'Or de l'Exposition 1889 sous la direction de C.-L. Huard. Paris 1889.

Exposition universelle internationale de 1889 à Paris. Rapport général, 9 Bde., Paris 1891-1892.

Exposition universelle internationale de 1889. Congrès international pour la protection des œuvres d'art et des monuments. Tenu à Paris du 24 au 29 juin 1889. Procès-verbaux sommaires. Hrsg. von Charles Normand. Paris 1889.

Chicago 1893

Stanley Appelbaum: The Chicago World's Fair of 1893. A Photographic Record. New York 1980.

R. Reid Badger: The Great American Fair. The World's Columbian Exposition and American Culture. Chicago 1979.

Norman Bolotin und Christine Laing: The World's Columbian Exposition: a 100-year retrospective. Washington 1992.

Georg Buss: Beschreibung der deutschen Pfalz und Führer durch das deutsche Dorf. Berlin 1893.

Chicago und die Columbische Weltausstellung 1893. Mit Zustimmung des Reichskommissars zusammengestellt. Berlin 1892.

John E. Draper: Paris by the Lake. In: Chicago Architecture 1872-1922. Birth of a Metropolis. Ausst. Kat. Chicago Art Institute 1988. München 1987.

Portfolio [of the] World's Columbian Exposition 1893. Populäre Sammlung von Ansichten der Winters Kunst-Lithograph Companie von der Columbischen Weltausstellung. Deutsche Ausgabe. Chicago 1892.

Schepp's World's Fair Photographed. Beeing a Collection of Original Copyrighted Photographs Authorized and Permitted by the Management of the World's Columbian Exposition. Chicago – Philadelphia 1893.

Marian Shaw: World's Fair Notes. A Woman Journalist Views Chicago's 1893 Columbian Exposition. Washington 1992.

Jeanne Madeline Weimann: The Fair Women. The Story of The Woman's Building (World's Columbian Exposition Chicago 1893). Chicago 1981.

Weltausstellung Chicago 1893. Über die Einweihung. In: Kunstgewerbeblatt, N.F. Bd.4, 1893, S.70-71.

Berlin 1896 (Gewerbeausstellung)

Die Berliner Weltausstellung. In: Preußische Jahrbücher, Bd. 70, 1892, S. 229-236.

Die verhinderte Weltausstellung. 100 Jahre Berliner Gewerbeausstellung 1896 in Treptow. Hrsg. vom Bezirksamt Treptow von Berlin. Berlin 1996.

Friedrich Naumann: Die Berliner Gewerbe-Ausstellung 1896. In: Friedrich Naumann: Ausstellungsbriefe. Berlin 1909, S. 9-51.

Paris 1900

Berliner Architektur und Kunstgewerbe auf der Weltausstellung in Paris 1900. Anlage und Ausstattung des deutschen Weinrestaurants im deutschen Repräsentationsgebäude. In: Berliner Architekturwelt, Jg. 2, 1900, S. 436-444.

Exposition internationale universelle de 1900. Catalogue général officiel, Bd. 2, 2. Abteilung : Œuvres d'art, Classe 7à 10. Paris [1900].

Figaro illustré. L'Exposition de 1900. Le Pavillon Impérial Allemand. Paris 1900.

Georg Malkowsky: Die Pariser Weltausstellung in Wort und Bild. Berlin 1900.

Antonin Proust: Le Pavillon Impérial Allemand. In: Figaro illustré, Octobre 1900, S. 1-3.

Paul Johannes Rèe: Künstlerische Eindrücke auf der Pariser Weltausstellung. In: Jahresbericht des Bayerischen Gewerbemuseums in Nürnberg für das Jahr 1900, S. 45-62.

Paul Seidel: Die Kunstsammlung Friedrichs des Großen auf der Pariser Weltausstellung 1900. Leipzig 1900.

Weltausstellung in Paris 1900. Amtlicher Katalog der Ausstellung des Deutschen Reiches. Berlin 1900.

Die Weltausstellung in Paris. Hrsg. von A.J. Meier-Graefe. Paris – Leipzig 1900.

Otto N. Witt: [10] Pariser Weltausstellungsbriefe. In: Prometheus. Illustrirte Wochenschrift über Fortschritte in Gewerbe, Industrie und Wissenschaft (Berlin), Jg. 11, 1900, S. 625-630, 661-667, 679-683, 695-699, 721-723, 737-739, 759-763, 769-772, 801-803, 817-822.

Ines Wagemann: Der Architekt Bruno Möhring. 1863-1929. Witterschlick b. Bonn 1992.

St. Louis 1904

Weltausstellung in St. Louis 1904. Amtlicher Katalog. Ausstellung des Deutschen Reiches. Herausgegeben vom Reichskommissar. Berlin [1904].

Marshall Everett: The Book of the Fair [St. Louis 1904]. o.O. 1904.

Leo Nachtlicht: Deutsches Kunstgewerbe in St. Louis 1904. Berlin [1904].

Brüssel 1910

Deutschland in Brüssel 1910. Die deutsche Abteilung der Weltausstellung. Hrsg. von Gottfried Stoffers. Köln 1910.

von Manikowski: Die deutsche Abteilung auf der Brüsseler Weltausstellung 1910. In: Zentralblatt der Bauverwaltung, Bd. 30, 1910, H. 30, S. 205-208.

F. Rosenbaum: Bauten von Prof. Emanuel von Seidl, München, auf der Weltausstellung in Brüssel 1910. In: Wohnkunst. Das bürgerliche Heim, Bd. 3, 1910, S. 3-7.

Die Welt-Ausstellung Brüssel 1910. Gratisbeilage zu Woerl's Reisehandbuch. Illustrierter Führer durch Brüssel und Umgebung. 8. Aufl., Leipzig 1910.

Barcelona 1929/30

Alfredo Baeschlin: Barcelona und seine Weltausstellung. In: Deutsche Bauzeitung, Bd. 57, 1929, S. 479-504.

Hedwig Büscher: Das Spanische Dorf auf der Internationalen Ausstellung in Barcelona. In: Westermanns Monatshefte, Bd. 147/II, 74. Jg., 1929, Heft 881, S. 513-519.

Exposición Internacional de Barcelona 1929. Catálogo Oficial, Barcelona [1929].

Exposición Internacional de Barcelona 1929. „Pueblo Español". Barcelona [1929].

Walter Genzmer: Die internationale Ausstellung in Barcelona. In: Zentralblatt der Bauverwaltung, Bd. 49, 1929, S. 541-546.

Recuerdo de la Exposition Internacional Barcelona. Barcelona [1929].

Paris 1937

Wilhelm Lotz: Das Deutsche Haus und die Internationale Ausstellung in Paris. In: Zentralblatt der Bauverwaltung, Bd. 57, 1937, S. 781-790.

Juan Antonio Ramírez: Guernica. Madrid 1999.

Albert Speer: Erinnerungen. Berlin 1970.

Sonja Günther: Lilly Reich 1885-1947. Innenarchitektin, Designerin, Ausstellungsgestalterin. Stuttgart 1988.

New York 1939/40

Edgar Lawrence Doctorow: Weltausstellung [1939/40]. Reinbeck 1995.

Brüssel 1958

Babel in Beton. In: Der Spiegel, Nr. 15, 1958, S. 40-52.

Brüssel 1958. Pressestimmen. In: werk und zeit, Bd. 7, 1958, Nr. 6, S.7-10.

Klaus Fuckner: Deutscher Pavillon, Weltausstellung Brüssel 1958. In: Der Architekt, H. 12, 1990, S. 582.

Ernst Johann: Die Haltung der Zurückhaltung. Deutschland in Brüssel. In: werk und zeit, Bd. 7, 1958, Nr. 6, S. 1-6.

Paulhans Peters: Weltausstellung Brüssel 1958. In: Baumeister, Bd. 55, 1958, S. 176-180 u. 391-427.

Montreal 1967

Habitat 67. Wohnliche Würfel. In: Der Spiegel. Nr. 23, 1967, S. 130 ff.

Paulhans Peters: Expo 67 Montreal. In: Baumeister, Bd. 64, 1967, S. 851-897.

Conrad Roland: Deutscher Pavillon auf der Weltausstellung in Montreal 1967. Interview mit Frei Otto. In: Baumeister, Bd. 63, 1966, H. 11.

Osaka 1970

Klaus Lange: Der deutsche Pavillon auf der Weltausstellung in Osaka 1970. In: Die Bauverwaltung, Bd. 4, 1970, S. 196-203.

Paulhans Peters: Expo 70. Weltausstellung in Osaka. In: Baumeister, Bd. 67, 1970, S. 659-704.

Sevilla 1992

Antonello Monaco und Antonio Tejedor: Sevilla, die Weltausstellung und die Vision von der Großstadt. In: Bauwelt, Jg. 83, 1992, S. 1378-1408.

Hannover 2000

EXPOmagazin. Die Zeitschrift zur ersten Weltausstellung in Deutschland. Hannover 1999-2000.

Hannover-Journal Special (EXPO 2000), Juni-Oktober 2000.

Gerhard Wegner: Optimistisch, jung, global, faszinierend. Die Herausforderung der Expo 2000. Hannover 1997.

Inventarnummern der abgebildeten Objekte aus dem Besitz des Germanischen Nationalmuseums

Titelbild	HG 11685
Abb. 1	HG 11685
Abb. 2	HG 11685
Abb. 3	HG 11685
Abb. 4	Med. 2075
Abb. 5	Bibl. 4° LON 30/42 (Illustrated Catalogue 1851, S. XVI)
Abb. 6	Bibl. 8° LON 30/64 (Wieck 1852, Taf. nach S. 36)
Abb. 7	Bibl. 4° LON 30/42 (Illustrated Catalogue 1851, S. XXII)
Abb. 8	HG 11685
Abb. 9	HG 11685
Abb. 10	Med. 13915
Abb. 11	HG 5619
Abb. 12	HB 7650, Kapsel 1227a
Abb. 13	Bibl. 4° Ja 189/1 [4,6,4] (Jaffé 1906, S. 577)
Abb. 14	A 3698
Abb. 15	Med. 13815
Abb. 16	HB 18696, Kapsel 1227a
Abb. 17	Med. 3542
Abb. 18	Med. 13918
Abb. 19	HB 18403, Kapsel 1227a
Abb. 20	Bibl. 4° Zk 151[1867, Beil.] (Illustrated Catalogue 1867, S. X)
Abb. 21	Med. 6636
Abb. 22	Bibl. 2° Jm PAR 16/45 (Mesnard 1867, S. 235)
Abb. 23	HB 8232, Kapsel 1227a
Abb. 24	Med. 13919
Abb. 25	Bibl. 4° JM PAR 16/45 (Mesnard 1867, S. 53)
Abb. 26	HB 15284, Kapsel 1227a
Abb. 27	HB 10102, Kapsel 1053c
Abb. 28	Bibl. 4° K 2492 (Lützow 1875, S. 132)
Abb. 29	Bibl. 4° K 2492 (Lützow 1875, S. 9)
Abb. 30	HB 7037, Kapsel 1302
Abb. 31	HB 3795, Kapsel 1227a
Abb. 32	Bibl. 4° K 2492 (Lützow 1875, S. 33)
Abb. 33	Med. 643 (a), Med. 13928 (b), Med. 644 (c), Med. 647 (d), Med. 931 (e)
Abb. 34	HB 3504, Kapsel 1442a
Abb. 35	LGA 1623/1-3
Abb. 36	LGA 2191
Abb. 37	LGA 2131
Abb. 38	LGA 1987, LGA 1988
Abb. 39	LGA 2328
Abb. 40	Bibl. 4° Ja 189/1 [4, 6, 4] (Jaffé 1906, S. 587)
Abb. 41	Bibl. 8° Jm BRA 41/3 (Leslie's Historical Register 1877, S. 211 [nach Krutisch, Abb. 1])
Abb. 42	Bibl. 2° Zi PAR 16/1 [1878] (L'exposition de Paris [1878], S. 160)
Abb. 43	Bibl. 8° Jm BRA 41/3 (Leslie's Historical Register 1877, S. 121/122 [nach Krutisch, Abb. 4])
Abb. 44	Med. 13349
Abb. 45	Bibl. 2° Zi PAR 16/1 [1878] (L'Exposition de Paris [1878], S.5)
Abb. 46	Bibl. 4° Ja 189/1 [4,6,4] (Jaffé 1906, S. 590)
Abb. 47	Bibl. 2° Zi PAR 16/1 [1878] (L'Exposition de Paris [1878], S.165)
Abb. 48	Med. 9228
Abb. 49	Kling 12366
Abb. 50	LGA 5553
Abb. 51	Bibl. 4° Ja 189/1 [4, 6, 4] (Jaffé 1906, S. 591)
Abb. 52	MI 665
Abb. 53	MI 665
Abb. 54	Bibl. 4° Jm PAR 16/31 (Livre d'Or 1889, S. 25)
Abb. 55	Bibl. 4° Jm PAR 16/31 (Livre d'Or 1889, S. 229)
Abb. 56	Med. 13927
Abb. 57	Bibl. 2° Zi PAR 16/1 [1889] (L'Exposition de Paris [1889], S.53)
Abb. 58	Med. 13819
Abb. 59	Bibl. 2° Zi PAR 16/1 [1889] (L'Exposition de Paris [1889], S. 109)

Abb. 60	Med. 3599
Abb. 61	Bibl. quer 8° Jm CHI 4/2 (Shepp's World's Fair 1893, S. 461)
Abb. 62	Bibl. quer 8° Jm CHI 4/2 (Shepp's World's Fair 1893, S. 491)
Abb. 63	Bibl. 4° Fa 200/2 (Buss 1893 [nach Wörner, S. 203])
Abb. 64	Bibl. 8° K 2438 bam (Portfolio 1893)
Abb. 65	Med. 12459
Abb. 66	Bibl. quer 8° Jm CHI 4/2 (Shepp's World's Fair 1893, S. 311)
Abb. 67	Med. 13920
Abb. 68	Bibl. 4° Jm PAR 16/20 (Malkowsky 1900, S.2)
Abb. 69	Bibl. 2° K 2481 hak (Figaro illustré [1900], Titelblatt)
Abb. 70	Bibl. 8° Jm 200/2 (Meier-Graefe 1900, S.116 [nach Siegel, S.53])
Abb. 71	Bibl. 4° Jm PAR 16/20 (Malkowsky 1900, S. 355)
Abb. 72	Med. 12460
Abb. 73	Gl 993
Abb. 74	LGA 8550
Abb. 75	Bibl. 8° Jm SXL 62/2 (S) (Amtl. Kat. Dt. Reich 1904, Taf. nach S. 100)
Abb. 76	Bibl. 8° Jm SXL 62/2 (S) (Amtl. Kat. Dt. Reich 1904, Einbanddeckel)
Abb. 77	Bibl. 8° Jm SXL 62/2 (S) (Amtl. Kat. Dt. Reich 1904, 158/159)
Abb. 78	Med. 12464
Abb. 79	Med. 12462
Abb. 80	Bibl. 2° Jm BRU 86/32 (Stoffers 1910, S. 67)
Abb. 81	Ke 4498
Abb. 82	Med. 12463
Abb. 83	HB 31711, Kapsel 1227
Abb. 84	Bibl. 4° Zk 252 [49] (Genzmer 1929, S.543)
Abb. 85	GNM, o. Nr.
Abb. 86	Bibl. 4° Zk 252 [57] (Lotz 1937, S.781)
Abb. 87	Bibl. 4° Zk 252 [57] (Lotz 1937, S.783)
Abb. 88	Bibl. 8° Kz PIC 009/192 (Ramírez 1999, S.52)
Abb. 89	Med. 13359
Abb. 90	Bibl. 4° Zk 83 [55] (Peters 1958, S. 176)
Abb. 91	Bibl. 2° Zl 50 [1958] (Johann 1958, S. 9)
Abb. 92	Med. 13922
Abb. 93	LGA 10215, LGA 10216, LGA 10217, LGA 10218/1-3, HG 12074 a-d (Besteck)
Abb. 94	Bibl. 4° Zk 83 [64/1967 II] (Peters 1967, S. 867)
Abb. 95	Bibl. 4° Zk 83 [64/1967 II] (Peters 1967, S. 854)
Abb. 96	Bibl. 4° Zk 83 [67/1970 I] (Peters 1970, S. 686)
Abb. 97	Bibl. 4° Zk 83 [67/1970 I] (Peters 1970, S. 671)
Abb. 98	Bibl. 4° 200/2 (Wörner 2000, S. 115)
Abb. 99	o. Nr.

Werden Sie Mitglied des Germanischen Nationalmuseums!

Als Mitglied des Freundeskreises des Germanischen Nationalmuseums erhalten Sie bei einem Jahresbeitrag ab DM 50,- / EUR 25,- freien Eintritt in die Dauerausstellung und ermäßigten Eintritt in die Sonderausstellungen, Informationen über die wichtigsten Veranstaltungen, auf Wunsch Einladungen zu allen Ausstellungseröffnungen und als Jahresgabe eine Publikation zu einem der Sammlungsbereiche des Museums. Natürlich können Sie eine Mitgliedschaft im Freundeskreis des Germanischen Nationalmuseums auch verschenken!

Sind Sie interessiert?

Dann rufen Sie an unter (0049) 0911/1331-108.

In der 1997 begründeten Reihe »Kulturgeschichtliche Spaziergänge im Germanischen Nationalmuseum« sind bisher erschienen:

G. Ulrich Großmann
Architektur und Museum - Bauwerk und Sammlung. Das Germanische Nationalmuseum und seine Architektur (Kulturgeschichtliche Spaziergänge im Germanischen Nationalmuseum, Bd. 1). Ostfildern 1997, 112 S., 41 sw, 86 farbige Abb. ISBN 3-7757-0719-0.

Claus Pese
Mehr als nur Kunst. Das Archiv für Bildende Kunst im Germanischen Nationalmuseum (Kulturgeschichtliche Spaziergänge im Germanischen Nationalmuseum, Bd. 2). Ostfildern 1998. 160 S., 97 sw, 26 farbige Abb. ISBN 3-7757-0783-2.

Ursula Peters, Andrea Legde
Moderne Zeiten. Die Sammlung zum 20. Jahrhundert (Kulturgeschichtliche Spaziergänge im Germanischen Nationalmuseum, Bd. 3). Nürnberg 2000. 296 Seiten, 57 sw, 143 farbigen Abb. ISBN 3-926982-61-6.